DE LA

LIBERTÉ DU COMMERCE

ET DE LA

PROTECTION DE L'INDUSTRIE.

DE LA
LIBERTÉ DU COMMERCE

ET DE LA
PROTECTION DE L'INDUSTRIE

LETTRES ÉCHANGÉES

ENTRE

MM. BLANQUI ET ÉMILE DE GIRARDIN.

1846—1847

C'est par la voie de tendance des droits gradués que nous
devons arriver à l'équilibre entre le consommateur et le
producteur ; c'est la véritable protection.

A. DE LAMARTINE, 15 février 1846. (*Moniteur universel.*)

PARIS.
AMYOT, ÉDITEUR,
6, RUE DE LA PAIX.

1847

A M. BLANQUI,

MEMBRE DE L'INSTITUT,

Professeur d'économie industrielle au Conservatoire des Arts et Métiers.

I.

1er février 1846.

La très-vive et très-sincère admiration que m'inspirent l'esprit de prévoyance, d'initiative et de réforme, la noble fermeté de caractère et la prudente hardiesse des conceptions de sir Robert Peel, de ce grand ministre sans lequel peut-être l'aristocratie britannique, aux prises avec la multitude affamée, eût bientôt regretté, mais trop

1

tard , de n'avoir pas sauvé sa tête au prix du sacrifice d'une partie de ses revenus, vous paraît une contradiction avec « l'appui que *la Presse* « s'obstine à prêter au vieux système de protec- » tion dont nous serons débarrassés ici avant dix » ans. » Ce sont vos expressions, et vous ajoutez : « J'ai quelque chagrin de trouver *la Presse* si » tenace là-dessus, elle si avancée sur tout le » reste ! »

Cette contradiction existe-t-elle en effet ?

Quand c'est vous qui me le dites, je serais tenté de le croire, si je m'étais moins souvent interrogé sur la question de savoir si le jour est venu pour la France d'entrer hardiment dans cette voie de la liberté du commerce où l'Angleterre nous devance et vient de faire encore un nouveau pas ?

Que ferait M. Peel s'il était à la tête de notre cabinet ? Maintiendrait-il le régime de protection contre lequel vous vous élevez, ou l'abolirait-il, le restreindrait-il, ou l'étendrait-il, me suis-je plus d'une fois demandé, surtout dans ces derniers temps ?

Nul plus que moi n'est profondément convaincu qu'il y a au fond de toute grande question économique une multitude de petites objections de détail, de faits et de chiffres mal étudiés, sorte d'algues dangereuses au-dessus desquelles tout homme d'initiative, tout réformateur, tout homme d'État, doit toujours prudemment se tenir, sous peine d'être enlacé par elles , de perdre la liberté de ses mouvements, d'être jeté dans le doute et réduit à l'impuissance et à l'immobilité; mais nul aussi plus que moi n'est profondément convaincu qu'il n'est pas de principe, si juste qu'il soit, dont la virtualité ne puisse être compromise plus ou moins gravement par une application inconsidérée, intempestive, ne fût-elle que prématurée, faite sans tenir compte des différences décisives qu'il n'est pas donné à tout œil de saisir et d'apprécier.

J'ai peu de foi, je l'avoue, dans les statistiques, les traités et les enquêtes; pour moi, toute question de réforme est, avant tout, une question d'homme. Si vous avez l'homme, n'hésitez pas à entreprendre la réforme; si l'homme vous manque, n'hésitez pas à l'ajourner. Quiconque sépare les questions de réformes des questions d'hommes est un imprudent qui ne sait pas dans quelle voie il s'engage.

On naît homme de génie, on ne le devient pas. L'homme de génie est celui qui a été assez heureusement doué pour recevoir, à un degré égal et supérieur, la double puissance de concevoir et d'exécuter.

Il ne suffit pas de concevoir une grande réforme pour être en état de l'accomplir; il faut inspirer la confiance et posséder l'autorité que donnent une grande position, un grand caractère, un grand talent, il faut avoir la science ou l'expérience qui utilise toutes les ressources, mesure toutes les résistances, le coup d'œil qui découvre les obstacles, la force qui les surmonte. L'Angleterre est assez heureuse pour avoir l'homme de sa réforme; la France a-t-elle le sien ? Est-ce M. Guizot ! J'en doute.

Que sir Robert Peel ne fût pas venu en son temps, que la réforme qu'il est sur le point d'accomplir eût été ajournée trop longtemps ou entreprise inconsidérément par un autre ministre moins habile, moins ferme ou moins nécessaire, et peut-être l'histoire britannique, au lieu d'une réforme de moins, avait-elle une révolution de plus à enregistrer ? Qui pourrait affirmer le contraire? Qui oserait prétendre, par exemple, qu'il eût été impossible de donner à la France les garanties qu'elle a conquises en 1789 et en 1830 sans les lui faire acheter au prix de deux révolutions, l'une pure de tout excès, mais l'autre souillée de tous les crimes, sans en excepter un seul? En 1789 comme en 1830, peut-être n'a-t-il manqué à la couronne qu'un conseiller ferme, judicieux, prévoyant, profondément convaincu de cette vérité que toute résistance aveugle n'enfante que des concessions tardives, et que tout gouvernement en lutte avec ses sujets ne périt que par le sentiment exagéré de sa conservation ! Je le crois.

Non, il ne suffit pas qu'une réforme soit juste, utile, nécessaire, pour qu'elle soit exécutable et exécutée, il faut encore qu'elle ait son exécuteur.

Où donc siége parmi nous l'homme d'État assez

éclairé, assez élevé, pour s'imposer comme arbitre
suprême entre celles de nos industries qui préten-
dent qu'elles ne sauraient vivre, prospérer, se perfectionner avec une protection moindre que la protection qui les couvre et celles qui, privilégiées ou
assez avancées pour n'avoir rien à redouter de la
concurrence étrangère, réclament la liberté des
échanges ?

La question est-elle donc si simple qu'elle vous
le paraît et que vous le dites? Ne se complique-
t-elle pas par de graves questions qui pourraient
fort bien se traduire en justes et vives récriminations ?

Plus d'une industrie, si vous étiez appelé comme
ministre à appliquer vos idées de liberté commerciale, ne serait-elle pas fondée à vous dire :

Si vous voulez que je lutte contre la concurrence étrangère, vous, gouvernement, commencez donc par rendre entre elle et moi les conditions de rivalité moins inégales ;

Procurez-moi, à des prix moins élevés, les matières premières ;

Tirez votre agriculture de la misérable condition à laquelle la condamnent l'abus du morcel-
lement du sol, l'absence d'institutions de crédit,
le défaut d'enseignement, l'insuffisance de vos
encouragements ;

Donnez à vos impôts qui m'entravent une meilleure assiette ;

Complétez l'ensemble de vos voies de communication afin d'alléger les frais et les difficultés de transport contre lesquels je lutte, sous lesquels je fléchis et qui ralentissent ma marche;

Abaissez les barrières que des lois surannées, faites à contre-sens ont élevées entre le producteur et le consommateur;

N'arrêtez pas mon essor par de vieilles dispositions fiscales en contradiction avec vos nouveaux principes économiques; commencez donc par les mettre d'accord;

Associez-vous à mes efforts si vous désirez sincèrement que je m'associe à vos doctrines;

Donnez-moi l'exemple des réformes et des sacrifices, si vous voulez que je le suive;

Ouvrez et frayez la route, afin que je sache et que vous sachiez bien vous-même où vous proposez d'aller;

Réformez, si vous le voulez, vos tarifs; mais alors étendez nos marchés, multipliez les institutions de crédit, ayez une marine, des stations, des points de relâche, des colonies, des alliances, des relations, enfin une politique qui m'ouvre des débouchés nouveaux;

Transformez enfin, si vous le pouvez, le mode de protection, mais que la protection subsiste; ne me la retirez pas sans me donner un juste équivalant.

En effet, le système politique et le régime économique d'un pays placé comme l'est la France en Europe, sont inséparables et solidaires; l'un ne peut s'isoler de l'autre, sans que tous les deux ne soient exposés à se heurter et à se nuire.

La liberté du commerce n'est pas une question purement législative qu'il n'y ait qu'à mettre aux voix et à vider par un vote!

La liberté du commerce est, avant tout, une question de maturité industrielle et d'expansion maritime. De sages mesures, de bonnes lois, une politique habile peuvent avancer le jour de la maturité, comme des mesures, des lois, une politique à contre-sens peuvent le retarder. C'est ce que l'Angleterre, marchant droit à son but depuis deux siècles sans jamais s'en détourner, a admirablement compris; c'est ce que la France commence enfin, mais à peine à pressentir. Sir Robert Peel n'est pas venu un jour, une heure trop tôt, il est arrivé à point; il y a dix ans assurément, il y a un an peut-être, il n'eût pas entrepris ce qu'il va tenter, et je ne crains pas d'affirmer que ce même ministre à la fois novateur et pratique, hardi et prudent, qui vient de se ranger ouvertement sous le drapeau de la liberté du commerce, s'il avait eu la France au lieu de l'Angleterre pour patrie, eût, au moment où je vous écris, plutôt relevé qu'abaissé le drapeau de la protection.

C'est à tort, selon moi, qu'on fait de la liberté du commerce et de la protection de l'industrie deux systèmes exclusifs qu'on oppose l'un à l'autre.

A mes yeux, la protection de l'industrie est à

la liberté du commerce ce qu'est sur une même route le point de départ au point d'arrivée.

Entre la France et l'Angleterre il y a cette différence que celle-ci touche au but, et que celle-là en est encore loin ! Or, cette différence est trop grande pour qu'il soit possible à un ministre responsable, même à un publiciste éclairé de n'en pas tenir compte.

En principe, je suis comme vous et autant que vous partisan déclaré de la liberté du commerce. C'est vers elle que doivent tendre tous les efforts de la France. J'en comprends, j'en aperçois tous les avantages au point de vue de l'affermissement de la paix, du progrès de la civilisation, de la propagation des idées de liberté politique et de fraternité internationale. Plus les échanges se multiplient et s'étendent, et plus les relations des peuples entre eux se resserrent. Cela est élémentaire.

En fait, je ne saurais, à mon grand regret, partager votre espérance, exprimée en ces termes : « *Avant dix ans la France sera débarrassée de « son vieux système de protection.* » Puissiez-vous avoir raison, puissé-je me tromper !

Notre gouvernement adoptât-il un autre système politique que celui qui l'égare, et qui a pour effet de nous écraser aveuglément sous le poids d'une armée de terre dont la dépense s'élève à 1 million par jour, 365 millions par an; notre gouvernement réussît-il à nous créer une marine

respectable, qui nous mît à la tête d'une confé-
dération maritime, destinée à maintenir à l'abri
de toute atteinte le grand et éternel principe de
la liberté des mers; notre gouvernement entrât-
il, avec cette hardiesse que n'exclut pas la prudence, dans la voie des réformes fiscales, économiques et administratives, dont l'expérience a
montré ailleurs les avantages; notre gouvernement parvînt-il, par un ensemble de mesures sagement combinées, à donner à notre agriculture l'élan
qui lui manque, et à tirer des entrailles de notre
sol toutes les richesses qu'il renferme; notre gouvernement cessât-il de perdre en débats oiseux et
sans fin un temps précieux pour le donner à l'ex-
pédition des affaires et à l'étude des grands et véritables intérêts du pays; notre gouvernement,
plus heureux que sage, vînt-il à bout sans en-
combre de tous ces travaux épars, qu'il a entrepris simultanément, au lieu de les entreprendre
successivement; notre gouvernement apportât-il,
dans l'instruction secondaire, les réformes vainement annoncées et vainement attendues depuis
quinze ans, qui devaient l'approprier aux besoins
de notre époque, de plus en plus industrielle et
commerciale; notre gouvernement fît-il, sans retard, tout ce qu'il a eu le tort de négliger trop
long-temps, tout ce qu'il est fort à craindre qu'il
ne songe même pas à entreprendre; notre gouvernement déployât-il autant d'initiative, de
prévoyance, de discernement, d'activité, de

vigueur qu'il en déploie peu; notre gouvernement, enfin, eût-il le bonheur de découvrir,
dans les rangs de la majorité, un nouveau
Colbert, un ministre égal ou supérieur à sir
Robert Peel, que dix ans, je le pense, ne suf-
firaient pas encore à la France « *pour se débar-*
» *rasser de son vieux système de protection* », et
franchir l'immense distance que l'Angleterre a
sur nous.

Il ne faut pas s'abuser!

La France agricole, industrielle et commerciale est fort arriérée, et ce qu'elle excelle à produire elle le produit chèrement.

Nos tarifs sont malheureusement là pour l'at-
tester.

Prétendre qu'il suffirait de les abaisser dans
une proportion considérable, pour contraindre
celles de nos industries qu'ils protégent à prendre un rapide essor, c'est, à mon sens, commettre
une erreur grave, qui, si elle prévalait, aurait
pour conséquence non la liberté de notre commerce, mais la ruine de notre industrie.

Il faut distinguer, dans l'économie politique,
entre ses lois qui, dès qu'elles sont vraies, doivent être absolues, et ses prescriptions qui ne
sauraient être que relatives.

La France est à l'Angleterre, relativement à la
question de la liberté du commerce, ce que serait, dans une manufacture, un jeune apprenti
que l'on voudrait soumettre à l'obligation de faire

le même travail, de porter les mêmes fardeaux
que l'ouvrier dans toute la force de la virilité.
On l'énerverait, on l'empêcherait de croître et
de se fortifier. Sachons attendre, et en même
temps que l'enfant deviendra l'homme, l'homme
deviendra le vieillard. Aujourd'hui, l'Angleterre
a l'avantage sur nous; un jour nous aurons l'avantage sur elle! Maintenant, elle nous dépasse, sans
contredit, en grandeur, mais aussi elle est plus
près que nous de la décadence. Elle le sent, elle
le sait! Toute la conduite de sir Robert Peel le
démontre clairement.

Dans la vie industrielle des nations,
L'importation est le premier âge,
La protection le second,
L'exportation le troisième,
La liberté le dernier.

Faisons comme a fait l'Angleterre si habilement et si heureusement : n'intervertissons pas
l'ordre naturel, n'allons pas trop tôt au-devant du
jour où le résultat final de la liberté absolue du
commerce sera de circonscrire chaque nation dans
les limites de quelques cultures favorisées, de
quelques industries privilégiées

De ce qui précède, devez-vous conclure que je
sois le partisan d'une protection immuable et excessive? Non, assurément.

Qu'une loi générale soit présentée, qui règle
que tous les cinq ans les droits qui protégent nos
divers produits naturels ou manufacturés seront

successivement réduits dans la proportion d'un dixième ou d'un cinquième (toute question de quotité à débattre est ici réservée), jusqu'à ce que ces droits ne soient plus que des droits de balance, et je voterai cette loi sans hésiter, de préférence à toutes ces lois partielles et de détail qui, n'étant pas l'expression d'un principe, mais la conséquence plus ou moins brusque d'une appréciation de fait plus ou moins arbitraire, n'enfantent que perturbation, anxiété, découragement, faux rapports, chiffres menteurs, récriminations des industries entre elles, hostilité contre le gouvernement, et retardent ainsi le progrès au lieu de le hâter!

En fait de réformes, il est toujours prudent de réserver à l'œuvre du temps sa part légitime. Nul ne résout aussi bien que lui la difficulté des transitions. C'est ce qu'a judicieusement compris M. Peel; aussi n'a-t-il pas prononcé l'abolition radicale, immédiate des lois qui s'opposaient à l'entrée des céréales en Angleterre; pourvoyant au plus pressé par l'adoption d'une échelle mobile, il a accordé aux intérêts immolés trois ans de réflexion et d'épreuve, afin qu'ils aient le temps et de se préparer au sacrifice qui leur est imposé, et de prendre les dispositions que rendra nécessaires le régime nouveau. Quoi qu'en puissent dire ses rivaux et ses détracteurs à la tribune et dans la presse, sir Robert Peel a sagement et équitablement fait.

Mais avant d'ensemencer un champ, il faut le labourer, sous peine de jeter sa semence au vent et de la perdre; or, c'est ce que ferait infailliblement la France si elle poussait, ce qui n'est pas à craindre, l'entraînement de l'imitation et des idées jusqu'à l'oubli de ses intérêts.

Ne prenons pas le semoir avant l'araire; n'attelons pas, selon l'expression commune, la charrue avant les bœufs; achevons d'ouvrir tous nos sillons;

C'est-à-dire :

Élargissons d'abord notre marché intérieur, déblayons-le de tout ce qui peut l'obstruer; car, s'il est vrai que, pour tout pays, le débouché le plus important de ses produits est son propre marché, cela est vrai surtout pour la France.

Demandons à la concurrence nationale, de jour en jour plus active et plus vigoureuse, de perfectionner nos procédés de fabrication, de réduire nos prix de revient, de développer nos forces et de nous mettre en état de soutenir, sans trop de désavantage, la lutte avec la concurrence étrangère;

Ayons, enfin, une politique qui ait un but et de l'avenir, une autre politique qu'une politique au jour le jour, qui se traduit par deux cents millions au moins que nous dépensons annuellement en pure perte, et que nous pourrions employer si efficacement.

C'est là ce que je demande depuis dix ans, mais

en vain, et c'est pourquoi la *Presse* ne joint pas sa voix à la vôtre pour réclamer la liberté du commerce.

Ici la liberté est avant tout une question d'égalité.

ÉMILE DE GIRARDIN.

A M. ÉMILE DE GIRARDIN,

MEMBRE DE LA CHAMBRE DES DÉPUTÉS.

I.

La liberté du commerce fera son chemin dans le monde comme toutes les autres, à la sueur de son front et en triomphant de ses adversaires, à force de bienfaits. Je crois fermement que son heure approche, et que la France sera débarrassée du vieux système protecteur avant dix ans. Mes convictions, à cet égard, ne sont pas de fraîche date, et je n'avais pas attendu les belles réformes de sir Robert Peel pour être persuadé de leur nécessité et du premier succès qui les a justifiées.

Vous paraissez croire que la France n'est pas encore en mesure de hasarder de telles expériences, et qu'il y faudrait des préparations auxquelles notre pays n'est pas disposé, avec des hommes qu'il ne possède pas encore ; permettez-moi de vous remercier d'avoir ouvert une discussion publique sur ce grave sujet, et de vous rassurer. Vous êtes le premier défenseur du système protecteur qui ne nous traite pas d'ennemi public, et qui nous ait fait l'honneur d'entrer en lice avec des armes courtoises. C'est bon signe; j'espère que nous nous entendrons : le public jugera.

Je pense comme vous, que les statistiques, les traités et les enquêtes n'ont aucune importance dans de telles questions. Les chiffres sont complaisants et menteurs, et il y en a pour tout le monde, comme les cartes au jeu. Les traités sont pleins de restrictions et de réserves, chaque partie s'efforçant de retirer d'une main ce qu'elle accorde de l'autre; et les enquêtes, généralement faites par les parties, ne sont que des résumés de doléances ou de prétentions exagérées. Chacun prend volontiers ses intérêts pour des principes et croit sa fabrique la première de France, la première du monde, la seule digne d'être protégée. Vous avez vu les délibérations des trois conseils récemment convoqués par M. le ministre de l'agriculture et du commerce; qu'est-il sorti de cette réunion d'hommes éminents, honorables, qui représentaient les trois branches de la production nationale? J'ai regret de le dire : rien, absolument rien que des demandes de primes ou d'augmentation de tarifs, c'est-à-dire d'impôts à lever à leur profit sur leurs concitoyens. Et que pouvait-on attendre de plus d'une assemblée de plaideurs? Heureusement, ce n'est pas à eux que l'on demande la justice.

Cette haute magistrature, chargée de rendre au

pays la justice commerciale, c'est le gouvernement qui doit l'exercer, avec l'aide des chambres. Vous dites que les hommes nous manquent; je ne suis pas de votre avis. Ce n'est pas les hommes qui nous manquent, c'est le courage qui manque aux hommes. M. Guizot comprend aussi bien que sir Robert Peel les avantages de la liberté commerciale, et M. Cunin-Gridaine, tout manufacturier qu'il est, s'est montré constamment plus libéral que les conseils. M. le directeur général dés douanes lui même, que ses fonctions sembleraient devoir attacher plus étroitement au maintien du système protecteur, a fait de généreux efforts en faveur des réformes de tarifs. Il sait trop bien que toute réduction tourne au profit des consommateurs et du Trésor, pour ne pas s'y prêter avec empressement, et il l'a toujours fait.

Mais les ministres les plus éclairés et les plus résolus ne peuvent rien en matières de douanes, sans le concours des chambres, et les chambres sont divisées. Les chambres sont pleines de grands propriétaires et de grands manufacturiers qui croient sincèrement la prospérité du pays attachée au maintien ou à l'exagération du système protecteur. C'est une illusion si douce et si naturelle de croire l'intérêt général engagé à la conservation d'un abus ou d'un privilége dont on profite! Je n'en suis ni surpris, ni irrité; mais encore une fois, les ministres sont obligés de compter

avec les majorités. Toute l'éloquence du monde
ne suffit pas quelquefois pour triompher des rigueurs d'un scrutin. Voilà d'où vient la résistance, et sir Robert Peel en fera peut-être, ce
qu'à Dieu ne plaise! l'expérience bientôt. Que
serait-ce donc parmi nous, avec les éléments parlementaires que vous connaissez! Les circonstances politiques, quoique notablement amélio-
rées, sont encore trop *délicates*, si je puis dire,
pour qu'un ministre ose tenter ici ce qui vient
d'être tenté en Angleterre. Mais que la tentative
réussisse à Londres et il faudra bien qu'on se
risque à Paris. A ceux qui nient le mouvement,
nous montrerons l'Angleterre qui marche, et ils
marcheront à leur tour.

Vous répondez que pour entrer dans le système de la liberté commerciale, il faudrait livrer
à l'industrie les matières premières à des conditions plus modérées, améliorer l'agriculture, ré-
gulariser l'assiette de l'impôt, faire tomber les
barrières fiscales : nous sommes entièrement
d'accord. Le système de la liberté commerciale
est conséquent dans toutes ses parties. Nous pen-
sons, en effet, qu'avant tout il faut affranchir des
droits les matières premières. Mais là-dessus, d'a-
bord, ne rencontrons-nous pas des résistances
intraitables? Ne vous souvient-il plus des prétentions de nos producteurs de houille, des menaces
hautaines de nos maîtres de forges, des doléances
de nos éleveurs de moutons? La patrie n'a-t-elle

pas été mille fois déclarée en danger, si nos pauvres habitants des Alpes avaient été admis à faire
venir des bœufs du Piémont, et si les habitants de
Strasbourg avaient pu tirer les leurs du grand-
duché de Bade?

Il faut pourtant commencer par quelque chose.
Eh bien! moi, qui n'ai l'honneur d'être ni dé-
puté, ni ministre, et qui ne suis tenu à aucun de
ces petits ménagements parlementaires qui affai-
blissent les convictions et paralysent les meilleures
intentions, je vous dis hardiment, comme les partisans de la protection eux-mêmes : Tout se lie étroitement dans le système, et il faut mettre la main
sur tout, comme a fait sir Robert Peel, pour obtenir un résultat décisif. Il faut protéger l'agriculture en lui donnant à bon marché les produits
manufacturés, et l'industrie en lui fournissant à
des prix modérés les produits de l'agriculture. Il
ne faut pas que notre système économique ressemble à la toile de Pénélope et que nous défas-
sions par un tarif ce que nous avons voulu obtenir
en en abolissant un autre. Il est temps de poser
frnchement ce principe absolu : *Les citoyens ne doivent l'impôt qu'à l'État*, parce que l'État leur donne
en retour l'ordre intérieur, les routes, les canaux,
la justice, l'administration ; ils ne doivent rien aux
particuliers. Taxez modérément le sucre, le café,
comme vous taxez rudement le sel et le vin ; mais
point de taxe élevée et indéfinie sur les produits
manufacturés. Quand vous obligez un homme à

acheter du calicot ou du drap fabriqué sous l'empire de la prohibition, vous le taxez au profit d'un fabricant qui ne lui donne rien en échange.

Les faits ont répondu à la demande que vous réitérez du perfectionnement des routes et des autres améliorations que vous croyez avec raison nécessaire d'accorder aux industries, avant de les soumettre au régime de la liberté. La France se couvre de voies de communication. Elle a singulièrement développé depuis quinze ans ses chemins de vicinalité, ses routes départementales, ses routes royales; elle aura bientôt plus de mille lieues de chemins de fer. Tous les cinq ans, nos expositions témoignent des rapides progrès de l'industrie nationale et l'hôtel des Monnaies ne suffira bientôt plus à frapper des médailles d'or et d'argent pour récompenser nos manufacturiers. Cependant, les tarifs se maintiennent toujours; on en veut même de nouveaux. On demande aussi des primes, et nous avons toujours au budget la liste civile des fabricants de draps, de coton et de fer, qui nous promettent, depuis plus de vingt ans, de se mettre en état de supporter des réductions sans cesse ajournées, quoique le pays ait exécuté tous les travaux et fait tous les sacrifices qui devaient les lui assurer.

En présence de ces contradictions et de ces ajournements déplorables, nous ne désespérons pas de la liberté commerciale. Elle nous viendra par la force des choses, par la toute-puissance inhérente aux grandes nécessités sociales qui ne se manifestent jamais sur un point sans éclater sur tous les autres. Nous l'obtiendrons, comme nous eussions obtenu des chemins de fer, en dépit de toutes les oppositions, s'il en eût existé; comme nous avons substitué les armes à percussion aux fusils à pierre, sous peine d'être battus. Quand on verra la réforme porter ses fruits en Angleterre, et contribuer au bonheur de ceux mêmes qui craignaient d'en être les victimes, alors cette haute mesure de prospérité publique qu'on affecte parmi nous de prendre pour une menace, sera appréciée à sa juste valeur, et la France exigera pour elle-même ce magnifique présent qu'un grand gouvernement vient d'offrir à un grand peuple.

Tout le monde est prêt à cette transition. La contrebande s'est élevée à la hauteur d'une science, et elle a résolu jusqu'à ce jour plus de questions d'économie politique que Cobden lui-même, le chef de la ligue anglaise, et que nous, modestes professeurs, par nos prédications. La contrebande se perfectionnera d'autant plus que l'ouverture du marché anglais, en favorisant les importations, amènera plus de retours. Nos fabricants eux-mêmes la favoriseront, la feront peut-être pour se payer; les chemins de fer que le pays multiplie à si grands frais ne peuvent aboutir à des impasses et servir exclusivement à de simples visites de politesse. La douane sera obligée de réduire le nombre des articles taxés, sous peine de ne pouvoir visiter tous ceux qui arriveront, ou de perdre le profit de la taxe sur ceux qui entreront en fraude ; et cette réduction n'aura d'autre effet que d'accroître la production et l'émulation.

Entrons donc sans crainte dans la voie des réformes, de peur d'être surpris un jour tout endormis sur cet oreiller des tarifs où notre législation des douanes berce si mollement depuis trente ans l'industrie nationale. Travaillons désormais comme des hommes, et ne mendions plus pour quelques-uns une protection qui appartient à tous. Nous avons l'égalité devant Dieu et devant la loi, nous l'aurons bientôt devant la douane. Si j'osais, monsieur, entamer dans vos colonnes ce curieux sujet, à combien d'hommes de sens je serais sûr d'ouvrir les yeux ! Quel assemblage incohérent de lois absurdes, odieuses, ridicules, grotesques, je leur ferais voir au fond de cet arsenal, dont les gardiens mêmes n'osent sonder les étranges profondeurs ! Cela vaudrait un peu mieux *pour le peuple* que de discuter sur la réforme électorale, et je vous réponds qu'il y aurait de l'imprévu.

BLANQUI.

E. de Girardin

A M. BLANQUI.

II.

» Vous n'êtes pas de mon avis, dites-vous : « Ce
» ne sont pas les hommes qui nous manquent,
» c'est le courage qui manque aux hommes. » Si
les hommes manquent aux choses, qu'importe
que ce soit par cette cause ou par toute autre; ils
n'y manquent pas moins. Je le demande aux juges
de ce débat, je le demande à ceux qui nous li-
ront, cette manière de justifier les hommes d'État
qui nous gouvernent ou qui aspirent à nous gou-
verner, loin d'atténuer, n'aggrave-t-elle pas l'ac-
cusation que j'ai fait peser sur eux ? N'est-ce pas
plutôt un aveu qu'une justification ? Non, certes,
ce ne sont ni la hauteur de l'intelligence, ni même
la profondeur du savoir qui manquent à des
hommes tels que MM. Guizot, Duchâtel, Lacave-
Laplagne, etc. Vous l'avez dit : ce qui leur manque, c'est le courage. Pourquoi le courage des réformes mûres, judicieuses, efficaces, nécessaires,
leur manque-t-il ? C'est ce que vous avez omis
d'expliquer, c'est ce que je vais essayer de faire

le moins longuement possible. Ce courage leur manque parce qu'ils sont venus dans un temps où tout est sacrifié au vain éclat des vains discours; où la supériorité de la tribune est la seule qui vous mette sûrement et rapidement en possession du pouvoir; où la conquête et la conservation de la majorité dans la chambre élective est l'unique but qu'il paraisse sage de poursuivre, utile d'atteindre ; où le caractére est compté, sinon pour rien, du moins pour peu de chose ; où l'élévation des idées , l'énergie des convictions vous isolent ; où la puissance d'organisation n'aboutit qu'à vous faire reléguer sans discernement au nombre de ces *faiseurs* irréfléchis et stériles, dont il est prudent de se défier! On recueille ce que l'on a semé.

Sous l'empire, il ne se formait que des militaires ; tout ce qui avait de l'aptitude et de l'ambition s'élançait dans la carrière des armes : on ne se doutait pas qu'il en existât une autre; aussi que de généraux éminents, que de maréchaux illustres , sorte de demi-dieux sur un champ de bataille ,... mais, hors de là, à peine en état de prononcer quatre mots ! Maintenant il ne se forme plus que des orateurs ; tout ce qui a de l'aptitude et de l'ambition porte exclusivement ses regards vers la tribune, ne voit rien de plus, ne voit rien autre; aussi ne manquons-nous pas d'orateurs éminents, d'orateurs illustres, tout-puissants à la tribune,... mais, hors de là, à peine en état de diriger quatre employés ! Si l'on en juge par ce qui se passe sous nos yeux, il est certain que les qualités par lesquelles on devient un grand orateur ne sont pas les mêmes que celles par lesquelles on devient un grand capitaine ou un bon organisateur. Ce qui le prouve, c'est ce qui est. A ne prendre que pour arbitre l'expérience, il semblerait que celles-ci soient exclusives de celles-là, ce qui serait d'ailleurs aussi facile à expliquer qu'à comprendre. Rien, en effet, ne ressemble plus à un artiste qu'un orateur ; c'est le même dédain de tout ce qui n'est pas l'art qu'il cultive, c'est le même esprit antipathique au détail des affaires, ce sont les mêmes préoccupations, la même incurie, les mêmes qualités enfin et les mêmes défauts. Essayez donc d'arracher un grand artiste à l'inspiration qui vient de s'emparer de lui, en allant l'avertir qu'il néglige une démarche urgente ! A peine si, tout en paraissant vous écouter, il entendra ce que vous lui dites ; si urgente, si utile que soit cette démarche, il l'ajournera jusqu'au moment où il ne sera plus temps de la faire. Il en est de même de l'orateur qui se prépare à monter à la tribune. L'univers, pour lui, c'est l'assemblée devant laquelle il va parler. Le reste n'existe pas à ses yeux, ou n'est pas digne de les distraire. Présentez-lui donc en cet instant, où toutes ses forces surexcitées le rendent étranger à tout ce qui n'est pas l'effet qu'elles se proposent de produire, un portefeuille à vider, un courrier à expédier, une difficulté à dénouer, et vous verrez si l'accueil qui vous sera fait n'est pas celui que je vous dis. L'orateur, dont j'ai plus d'un modéle devant moi en esquissant ces traits, est celui qui ne voit dans toute question que le débat, dans tout débat que le scrutin, dans toute affaire que les dehors sous lesquels il devra la montrer ou la cacher à la majorité, soit pour convaincre celle-ci, soit pour la surprendre! S'il a réussi, sa tâche est accomplie; peu lui importe que ce soit par des allégations hasardées, des maximes improvisées, des arguments spécieux, des doctrines douteuses, des concessions regrettables, des capitulations de principes; peu lui importe de laisser sur le champ de la discussion des vérités légèrement sacrifiées, des convictions honteusement trahies; ce qui lui importe c'est le triomphe à tout prix, non de ses opinions, mais de sa parole!... La plus souple n'est pas toujours celle qui le paraît le moins. Aussi ne faut-il pas s'étonner de la manière dont nos affaires sont faites au dedans, conduites au dehors. Il n'en saurait être autrement, tant que le travail ne sera pas mieux divisé, tant qu'une part plus équitable, moins exclusive ne sera pas faite à la diversité des aptitudes. Nous paraissons ne pas nous douter que la France nouvelle est aux prises avec deux difficultés graves, qui, réunies, sont presque invincibles :

La démocratie,

La centralisation.

Voyez le point de départ de la plupart de nos

ministres; presque tous sont arrivés, presque tous
arrivent aux affaires avant de savoir les questions,
avant d'avoir eu le loisir de les étudier! Où voulez-
vous qu'ils les apprennent, où voulez-vous qu'ils
les approfondissent? Est-ce aux affaires, alors que
toutes les heures de leurs journées, insuffisantes
à remplir cette triple tâche, seront réclamées,
premièrement par des centaines de signatures for-
cément données au hasard, sous peine d'arrêter
le travail des bureaux ; deuxièmement par des di-
zaines d'audiences inévitables, sous peine d'affai-
blir ou de perdre la majorité ; troisièmement par
la nécessité que subissent les ministres, ou qu'ils
s'imposent d'assister à cette multitude de séances
législatives, où leur présence n'est le plus souvent que du temps perdu, un temps précieux? Si
peu qu'ils se préparent à défendre à la tribune les
questions qui doivent s'y débattre, encore faut-il
qu'avant d'y monter ils aient le temps de jeter un
coup d'œil rapide sur les notes qui leur ont été
rédigées à la hâte? — Quelles forces humaines
pourraient aller beaucoup au delà? Exiger d'une
force, si grande qu'elle soit, plus qu'il n'est en
elle, c'est la réduire à l'impuissance. Or, c'est précisément ce que nous faisons. Nous avons si bien
réglé la responsabilité ministérielle que nous en
avons fait l'impuissance administrative, l'immobilité du gouvernement, et pour aboutir à quoi?
A une responsabilité illusoire.

Ne comparez pas la France à l'Angleterre; en

Angleterre, il n'y a pas de centralisation administrative, et il y a une aristocratie ! Avant d'être ministre, on a tout le temps de se préparer à le devenir, et pendant qu'on est ministre, le temps qui
appartient à l'étude des grandes questions ne lui
est pas dérobé par une multitude de détails para-
sites. On y discute tout autant, mais on y discourt
moins ; il est rare qu'on y parle uniquement pour
parler. Or, ce qui est l'exception chez eux est la
règle chez nous.

Voilà ce qui me fait craindre que de longtemps
nous ne possédions dans les rangs de la majorité
l'homme d'État habile, expérimenté, nécessaire,
sans lequel toute réforme importante de nos tarifs
de douane ne serait qu'une œuvre prématurée ou
inconsidérée, n'aboutissant qu'à un avortement
ou à une témérité.

Je prévois l'objection qui me sera faite : — Ne
peut-il donc y avoir de ministres capables de bien
agir que des ministres incapables de bien parler ?
Pourquoi d'habiles administrateurs ne s'appliqueraient-ils pas à devenir aussi d'éloquents orateurs ?
Je retourne l'objection et je dis : — Pourquoi
d'éloquents orateurs ne s'appliqueraient-ils pas à
devenir en même temps d'habiles administrateurs ?
Pourquoi cela n'a-t-il pas lieu ? — Faut-il l'expliquer ? C'est que les émotions de la tribune
sont vives et donnent une sorte d'ivresse qui dé-
goûte promptement de la trituration des affaires,
et la rend fastidieuse, comme l'entraînement des

spéculations détourne vite de tout travail assidu et le fait paraître plus pénible. Cela est ainsi.

Ne vous hâtez pas de m'accuser de déserter le débat que j'ai entamé, et de commencer ma réponse par une digression. Je ne fais que demeurer ferme sur mon terrain; pour moi, je le répète, les grandes questions sont d'abord les questions d'hommes. Je mets ma confiance en eux; vous, vous mettez la vôtre « dans la force des choses. » Qu'est-ce que la force des choses quand elle n'est pas conduite et utilisée par l'intelligence des hommes? Comment se manifeste-t-elle? — Par des dévastations dans l'ordre naturel, par des révolutions dans l'ordre politique.

Vous croyez qu'il suffira que l'Angleterre ait à s'applaudir de sa réforme pour que la France s'empresse de l'imiter. J'en doute; l'avenir jugera entre nous deux.

Qu'a fait l'Angleterre? — Elle a commencé par tirer du régime prohibitif tous les fruits qu'une habile culture pouvait lui faire porter; la première, elle a donné à sa marine des encouragements tels qu'ils l'ont faite, en deux siècles, de 1651 à 1846, sans rivale dans le monde; elle a fait ce qu'elle seule pouvait faire, grâce à l'immense richesse de sa puissante aristocratie, elle a jeté les millions, sans compter, au fond de toutes ses mines de houille, de fer, etc., etc.; c'est en entassant capitaux sur capitaux qu'elle a fini par élever tous ces vastes établissements industriels et commerciaux qu'elle

possède, et qu'elle est parvenue à les faire prospérer; elle n'a pas laissé échapper une seule occasion de s'emparer à leur profit d'un marché ou
d'un débouché avantageux; elle a profité de toutes
les circonstances qui se sont offertes pour dépouil-
ler la France, l'Espagne, le Portugal, la Hollande,
la Turquie, l'ordre de Malte, etc., etc., de toutes
les colonies, de toutes les stations, de tous les
points de relâche qui lui ont paru utiles à l'affermissement de sa domination et au développement
de ses relations; elle règne dans l'empire des Indes
sur une population de près de cent millions d'habitants; la première entre toutes les nations elle
a sillonné son sol, placé sous ce rapport dans les
conditions les plus favorables, de chemins excellents, de routes admirables, de canaux sans nombre, de railways traversant tous ses riches bassins houillers et les mettant, ainsi que tous ses
grands centres manufacturiers, en communication rapide avec ses ports d'approvisionnement;
et c'est alors seulement que ses fabriques n'ont
plus eu rien à craindre d'aucune concurrence
étrangère, c'est alors seulement qu'elle a pu ar-
borer impunément le drapeau de la liberté commerciale, qu'elle est entrée, timidement d'abord,
plus hardiment ensuite, dans la voie des réformes
économiques où sir Robert Peel vient de nouveau
de la pousser en avant... Or, je vous le demande,
en sommes-nous là? De combien de bâtiments se
composent notre marine militaire et notre marine

marchande, notre marine à vapeur et notre marine à voiles? Comparez donc sa marine à la nôtre, comparez les riches·colonies qu'elle possède à celles en si petit nombre qui nous restent! Quels sont les marchés, les débouchés dont elle n'a pas le monopole de fait, et où notre industrie pourrait entrer en concurrence avec la sienne, les conditions de fabrication fussent-elles égales d'ailleurs? Avons-nous la même puissance de capitaux agglomérés? Qui parmi nous, dans notre société démocratique, est assez riche pour s'exposer à commanditer neuf entreprises chimériques contre une sérieuse, et se risquer à perdre, sans hésitation, un million, deux millions, souvent plus, sur un perfectionnement douteux? En France, au contraire, il suffit qu'une invention, qu'une tentative ait trompé les espérances qu'elle avait fait naître, pour donner aussitôt lieu à d'étourdissantes clameurs qui réagissent sur tous les esprits, et exciter des défiances contagieuses qui gagnent tous les capitaux. Ce sont là, entre les deux pays, d'incontestables différences dont l'observateur placé plus haut que l'économiste, dont l'homme d'État, si entreprenant qu'il soit, ne sauraient se dispenser de tenir compte. C'est ce qui m'a fait dire dans ma première lettre que, s'il était né de ce côté de la Manche, sir Robert Peel tiendrait probablement une tout autre conduite que celle qui vient d'appeler sur lui l'attention de l'Europe tout entière.

Rayez l'Angleterre de la carte du monde, et la France alors pourra accomplir, sans danger, ce que vient d'entreprendre la Grande-Bretagne; elle pourra donner le signal de la liberté du commerce! Mais, sérieusement et de bonne foi, croyez-vous que le moins avancé des deux pays ne soit en arrière sur l'autre que de dix ans pour son agriculture, son industrie, son commerce, ses voies de communication, sa marine? A ces dix ans, ajoutez-en quarante, et peut-être ne sera-ce pas encore assez!

« La France, dites-vous, se couvre de voies de » communication. Elle a singulièrement déve- » loppé depuis quinze ans ses chemins de vicina- » lité, ses routes départementales, ses routes » royales; elle aura bientôt mille lieues de che- » mins de fer... » Je ne suis pas de ceux qui, pour le gain d'une cause, nieraient l'évidence; mais de ce que nous avons dépensé immensément d'argent depuis quinze ans, pour nos voies de communication, il n'en faut pas conclure, non plus, que nous l'ayons toujours judicieusement, utilement, efficacement dépensé. Nous avons classé, il est vrai, un grand nombre de chemins vicinaux, trop grand peut-être, mais dans quel état sont-ils pour la plupart? Nous avons entrepris à tort et à travers des routes départementales; mais sur dix qui sont commencées depuis quinze ans, combien en est-il aujourd'ui d'achevées et à l'état d'entre- tien? Avant qu'elles soient terminées par une extrémité elles sont à refaire par l'autre, et les départements, la plupart sinon tous, fléchissent sous le poids dont ils se sont chargés en consultant moins leurs forces que leur zèle. Vous parlez de mille lieues de chemins de fer! En cette année 1846, la France n'a pas encore un seul railway qui ne soit un tronçon, pas un seul qui mette Paris en communication avec la mer, ou bien avec nos frontières de terre! Dans quelle condition sont nos canaux, dans quel état sont nos voies fluviales? — Le prix que coûte à Paris, cet immense gouffre de consommation, l'hectolitre de houille, la barrique de vin est là pour le dire! Tout, en vérité, aurait été calculé pour faire obstacle à la consommation sur notre marché intérieur, que je doute qu'on s'y fût mieux pris, et cependant le moyen le plus certain, le plus rapide de perfectionner la production, de réduire ses frais de main-d'œuvre, ses prix de revient, c'est de la rendre plus économique, c'est de faciliter, c'est d'organiser la consommation, c'est de ne rien épargner pour qu'elle soit de plus en plus abondante. Le mieux pour un état, c'est de rester étranger aux détails infinis, inextricables, mystérieux de la production, de la fabrication, de ne pas s'y immiscer inconsidérément, mais de porter tous ses efforts, tous ses sacrifices sur la consommation, de s'occuper exclusivement du développement de celle-ci. Qu'il sache débarrasser la consommation de toutes les difficultés qui

en ralentissent la marche, en empêchent l'essor,
et toutes les questions de douanes et de tarifs ne
tarderont pas à se résoudre d'elles-mêmes. C'est
ma conviction profonde.

« Il faut pourtant commencer par quelque
» chose, » dites-vous. Eh bien! commençons
par là. Avant tout, étudions soigneusement le
rôle industriel que jouent, l'influence commerciale qu'exercent nos impôts, nos octrois, et les
tarifs dont nos canaux et nos chemins de fer ont
été dotés; réformons, au dedans, tout ce qui est à
réformer, améliorons tout ce qui est à améliorer,
et quand cela sera fait, il y en a pour plus de dix
ans, si j'en juge par ce qui s'est fait depuis quinze
ans, le moment de s'occuper sérieusement du dehors et de la révision de notre tarif de douanes
sera venu; il ne sera pas trop tard. Oui, sans
doute, je le reconnais avec vous : « *les citoyens*
» *ne doivent l'impôt qu'à l'État; ils ne doivent*
» *rien aux particuliers.* » Mais où donc est l'impôt que les particuliers prélèvent en France? —
Est-ce que je fais, par exemple, autre chose que
de remplir gratuitement les fonctions de percep-
teur, lorsque sur 48 fr. que je reçois de chaque
abonné de la *Presse*, je verse 36 fr. au trésor
public, ce qui, sur 25,000 abonnés, représente
soit dit en passant, un recouvrement et un ver-
sement de 900,000 fr. par an? Parce que le produit de l'impôt passe de ma caisse dans celle de
l'État, parce que je le perçois, direz-vous que je

le prélève et me l'attribue? Non, certes, eh bien! ce qui n'est pas vrai dans ce cas ne l'est pas davantage dans cet autre que vous supposez en ces termes : « Quand vous obligez un homme à ache-
» ter du calicot ou du drap fabriqué sous l'em-
» pire de la prohibition, *vous le taxez au profit*
» *du fabricant* qui ne lui donne rien en échange. »

Supprimez les 21 fr. 60 c. de droit de timbre et les 14 fr. 40 c. de droit de poste (ensemble 36 fr. par an), que paye au fisc chaque exemplaire de la *Presse*, et je m'empresserai d'en réduire le prix d'abonnement annuel à 12 fr., et, loin d'y perdre, j'y gagnerai encore, car une publicité plus étendue ajoutera au produit des annonces; supprimez les taxes que payent directement et indirectement sous des formes diverses les fabriques de calicot ou de drap, et ces fabriques, par le fait seul de la concurrence nationale, seront forcées de réduire le prix de leurs tissus, dans la proportion du dégrèvement opéré, et, loin d'y perdre, elles y gagneront, car leurs frais croissants ou généraux ne s'élèveront pas dans la proportion de l'augmentation du débit, conséquence infaillible de tout abaissement de prix.

« *Les citoyens ne doivent l'impôt qu'à l'État,* » est un aphorisme d'une justesse incontestable, mais il tombe à faux; permettez-moi de vous le dire, ce sont par des maximes ainsi jetées au hasard qu'on égare les esprits superficiels, et quelquefois même la raison publique.

3.

Les fabricants, les manufacturiers, les commerçants, font-ils généralement, en France, des fortunes trop considérables, trop rapides? La concurrence nationale est-elle si bornée et si faible qu'elle n'exerce qu'une action trop lente et trop peu efficace?

Là est le vif de la question de l'abaissement radical des tarifs, en d'autres termes de la liberté commerciale

Or, pour dire ici toute la vérité, je vois de grandes et de rapides fortunes faites dans la banque et par la spéculation ; mais je vois plus de ruines consommées que de grandes et de rapides fortunes acquises dans l'industrie et le commerce. Il s'y fait beaucoup de petites fortunes, de fortunes moyennes, mais presque toutes sont dues à de pénibles privations longtemps supportées, à l'épargne modeste, et à la multiplicité des petits profits.

C'est là un mal plutôt qu'un bien, car qui veut la fin doit vouloir les moyens; or quiconque désire que l'éperon de la concurrence nationale entre plus avant dans les flancs de notre industrie, doit souhaiter qu'il s'y fasse moins rarement de grandes et de rapides fortunes. Il faut qu'on s'y enrichisse sûrement et assez promptement, si l'on veut attirer à elle les capitaux en abondance, leur donner confiance et les rendre moins exigeants.

Est-ce quand les choses sont dans l'état où elles existent, quand il ne s'amasse communément dans l'industrie et dans le commerce que des fortunes qui sont loin d'être exorbitantes, alors que les capitaux se montrent encore si peu disposés à s'associer à l'esprit d'entreprise, qu'on peut dire d'un pays que le moment est venu où le régime de la liberté doit succéder au régime de la protection.

Mais, dites-vous, cette protection est exagérée. Comment vérifier le fait? Par des enquêtes? On sait ce qu'a produit celle de 1834; — l'obscurité dans le chaos des contradictions. Oui, j'en conviens, chaque fabricant prend volontiers ses intérêts pour des principes, et croit son industrie la plus utile, celle qui a le plus de droits légitimes à la protection la plus grande; mais c'est pour cela qu'à mon avis on ne saurait trop soigneusement se garder comme d'une faute de tous ces remaniements partiels et arbitraires de tarifs dont nous avons contracté la mauvaise habitude.

Si l'on veut résoudre la question de la liberté du commerce, sans s'exposer à porter atteinte à la prospérité de l'industrie nationale, à jeter la perturbation dans nos fabriques, il n'y a qu'un moyen, c'est celui que j'ai indiqué; c'est de procéder par des abaissements périodiques de cinq en cinq ans, réglés d'avance par une loi générale, prenant toutes les industries dans l'état où elles sont, et leur appliquant le principe absolu de la réduction relative, de telle sorte que le régime de

la protection expire pour chacune d'elles et pour
toutes le même jour. Autrement, on ne pro-
cédera jamais qu'au hasard. Est-ce que tous les
fabricants exerçant la même industrie l'exercent dans les mêmes conditions? Est-ce qu'il
n'y en a pas de plus favorisés les uns que les
autres; ceux-ci sous le rapport de l'intelligence,
ceux-là sous le rapport des capitaux; celui-ci
en raison des avantages inhérents à sa localité,
celui-là en raison de l'étendue de ses débouchés, etc., etc.? Est-ce qu'il n'arrive pas souvent de voir un fabricant s'enrichir là où son
prédécesseur s'est ruiné? Qu'est-ce qui tiendra
compte de toutes ces différences, qu'est-ce qui
les pèsera? Sera-ce un chef de division n'ayant
que des notions générales et nécessairement su-
perficielles; seront-ce des commissions compo-
sées les unes de pairs, les autres de députés,
travaillant comme on sait qu'elles travaillent?

Il faut finir, je me résume et je dis : aux conditions que j'ai posées, et sous la réserve expresse
que la liberté commerciale ne sera que le développement régulier de la loi du progrès appliquée à
toutes et à chacune de nos industries, la liberté
que vous défendez me trouvera dans les rangs de
ses partisans sincères; mais elle me trouvera dans
les rangs de ses adversaires déclarés, si elle a la
prétention de triompher prématurément, inconsidérément, révolutionnairement, si enfin elle persiste à croire que dix années lui suffiront pour

« *débarrasser la France de son vieux système pro-*
» *tecteur et proclamer*, selon votre expression, *l'é-*
» *galité devant la douane.* »

Pour qu'il en fût ainsi, il faudrait que la France
n'eût pas perdu quinze années en débats stériles
et gaspillé trois milliards en dépenses faites à
contre-sens, il faudrait qu'elle eût accompli les
importantes réformes administratives, nécessaires,
indispensables, qu'elle n'entreprendra même pas ;
il faudrait enfin qu'elle eût découvert l'homme
d'État que je cherche vainement sur les bancs de
la majorité et de l'opposition, au dedans et au dehors des Chambres législatives.

Émile de Girardin.

A M. ÉMILE DE GIRARDIN.

___

II.

J'aurais vivement désiré ne pas m'écarter de la question que vous avez posée vous-même, celle de la liberté du commerce; mais puisque vous attachez une grande importance au rôle qu'y peut jouer l'influence des personnes, je vous suivrai sans hésiter sur ce terrain. Je vous avouerai donc franchement que je crois MM. Guizot et Duchâtel fort en état de mener à bonne fin la révision générales de tarifs. M. Cunin-Gridaine et M. Lacave-Laplagne ne leur feraient pas défaut dans cette noble entreprise, et quoique je n'aie pas l'avantage de connaître les opinions de M. de Mackau, il suffit qu'il soit ministre de la marine pour que je le range parmi les partisans naturels de la liberté commerciale. M. Duchâtel a été le principal rédacteur du fameux manifeste des propriétaires de vignes de la Gironde, publié il y a quinze années, et qui restera comme le premier appel fait au pays sur ce grave sujet. M. Laplagne connaît parfaitement les vices du système protecteur, et il sait à merveille que les taxes modérées sont celles qui rapportent le plus et qui blessent le moins.

Je suis donc convaincu que ces honorables personnages ne font pas des discours uniquement pour le plaisir d'en faire et de briller à la tribune, mais qu'ils sont arrêtés par les obstacles qui résultent de l'extrême division des esprits sur les questions les plus élémentaires de l'économie politique. Il n'y a que le système protecteur qui se soit fait entendre jusqu'à ce jour dans les régions officielles, et il a trouvé des interprètes animés de toute l'éloquence de l'intérêt personnel. C'est la graine de colza représentée par M. Darblay, savant cultivateur et meunier distingué, qui a battu le sésame à la session dernière; et M. Darblay considère les économistes comme tout à fait incapables de traiter les questions de graines oléagineuses ou de céréales, parce qu'ils ne vont pas aussi souvent que lui au moulin. Il est le Luther de la prohibition dans le parti agricole, comme M. Mimerel en est le Melanchton dans le parti manufacturier. Quand le premier de ces deux honorables adversaires lance des éclairs à la tribune, le second a des larmes dans la voix au sein des trois conseils, et le cabinet s'arrête, éperdu ou attendri, devant la réforme des douanes.

Voilà les résistances que je reprocherais au ministère de ne pas braver, si, derrière les chefs du parti *protecteur*, il n'y avait une foule imbue des vieux préjugés de la république et de l'empire, et malheureusement aussi, monsieur, des hommes tels que vous, désintéressés dans cette haute question, mais prévenus. Est-ce bien sérieusement, en effet, que vous parlez de *rayer l'Angleterre de la carte du monde*, pour que la France puisse accomplir sans danger la réforme commerciale? N'y a-t-il pas place pour tous sous le soleil, et loin de regretter la puissance productive de l'Angleterre, ne devrions-nons pas plutôt nous en applaudir? Est-ce avec des peuples pauvres ou ruinés que le commerce peut prospérer et s'étendre? Et si la France et l'Angleterre doivent toujours garder la distance qui sépare aujourd'hui, selon vous, leurs différentes industries, le système prohibitif sera donc éternel? C'est en transportant dans les ateliers ces vieilles habitudes de guerre, qu'on envenime les questions de politique commerciale et qu'on les rend insolubles. C'est vous, monsieur, qui propagez l'esprit révolutionnaire; ce n'est pas moi.

Le ministère ne peut opérer la réforme commerciale qu'avec le concours des pouvoirs publics appelés avec lui au partage des grandes mesures de gouvernement, et quoi que vous en disiez, monsieur, ces pouvoirs, en France, ne sont pas à la hauteur économique et politique de ceux de l'Angleterre. Sir Robert Peel a trouvé ses auxiliaires les plus puissants parmi ses adversaires,

lord John-Russell en tête : croyez-vous M. Thiers
disposé à rendre le même service à M. Guizot? Le
chef du cabinet anglais aura probablement raison
de l'entêtement de quelques vieux ducs ; mais les
ducs de notre pays sont plus nombreux et plus
vivaces. Ils se représentent encore plus volontiers
eux-mêmes qu'ils ne représentent le pays. Faites-
leur donc comprendre qu'ils ont tort de maintenir des droits dont ils profitent, et qu'ils devraient,
dans une nouvelle nuit du 4 août, en faire le sacrifice sur l'autel de la patrie : vous verrez ! Que
voulez-vous donc que des ministres entreprennent
avec de tels éléments ?

Selon moi, ils ne sauraient être taxés d'impuissance volontaire, c'est-à-dire de faiblesse, pour ne
pas hasarder des propositions qui n'auraient, en
ce moment du moins, aucune chance de succès.
Le courage qui manque aux ministres, le voici :
c'est celui de mettre un frein aux tendances ré-
trogrades des trois conseils et des corporations
isolées, qui demandent sans cesse des primes, des
accroissements de droits ou des prohibitions. C'est
celui de proclamer hardiment, comme vous le
souhaitez, monsieur, une réforme graduelle, générale et méthodique des tarifs, en manifestant
la ferme résolution d'aller toujours en avant dans
cette voie. Loin de là, que voyons-nous? de petites modifications sur des articles isolés, tantôt
par élévation, comme pour les fils de lin, tantôt
par réduction. comme pour les bois d'ébénisterie;

des mesures de circonstance trop souvent concé-
dées aux clameurs de l'intérêt privé; de miséra-
bles badigeonnages appliqués à un édifice ver-
moulu, qu'il faudrait reconstruire de fond en
comble, à la hauteur des besoins, et, j'ose dire,
des destinées de notre pays.

Mais pour arriver à ce résultat, il faut commencer par s'entendre sur les principes, les propager
par la prédication, les appuyer par la démonstra-
tion, leur donner la sanction de l'évidence et de
l'application. C'est pour cela que j'en ai posé un,
très-simple, très-clair et très-intelligible, quoique
vous le trouviez de nature à égarer la raison publique. C'est celui-ci : « *Les citoyens ne doivent*
» *d'impôt qu'à l'État, ils ne doivent rien aux par-*
» *ticuliers.* » Je regrette, monsieur, que vous ayez
essayé de le combattre par un argument tout à
fait spécieux. Il n'y a aucun rapport entre le remboursement que vous prélevez sur vos abonnés,
des droits de timbre et de poste dont vous avez
fait l'avance pour eux, et qui sont des taxes bonnes ou mauvaises, et les tarifs de douane qui ont
pour conséquence directe d'élever artificiellement
le prix des choses au profit de certains fabricants.
Votre raisonnement serait exact si le gouvernement vous imposait les droits de timbre et de
poste au bénéfice de quelques concurrents; mais
encore une fois quand je paye 10 francs à Paris
une chemise, que je pourrais me procurer pour
6 francs à Londres, est-ce que je ne paye pas

réellement un impôt de 4 fr. au fabricant français?

Cette taxe, direz-vous, n'est que le remboursement des droits qu'il a payés lui-même pour fabriquer une chemise. Eh bien! qu'on le dégrève de ces droits, qui sont la taxe sur la houille, sur le fer, sur les matières premières. Vous le voulez! M. Talabot ne le veut pas. J'avais donc bien raison de vous dire : « Il faut commencer par quelque chose! » Et je veux commencer par démontrer à nos lecteurs que toutes les industries protégées lèvent tribut sur nos concitoyens; puis, nous verrons ce qu'il faut penser de vos comparaisons de la fortune publique en Angleterre avec celle de la France. Quand je pourrais rapporter un bon couteau d'Angleterre pour 3 fr. ; si, à l'aide de la prohibition ou d'un droit élevé, je ne puis me le procurer en France que pour 6 fr., n'est-ce pas à un coutelier français que je paye un impôt véritable? Je vous supplie de me répondre; et ne croyez pas qu'il entre dans mes intentions d'exciter ici de mauvais sentiments d'hostilité entre les producteurs et les consommateurs. Dans ma pensée, les uns et les autres sont victimes du système que je combats. Seulement, chacun d'eux voudrait la liberté pour soi et la protection contre autrui. Le tisserand a demandé la libre entrée des fils, mais la prohibition des tissus. Nos mécaniciens réclament la libre entrée des fontes, mais la prohibition des machines. Nos maîtres de forges accepteraient les houilles, ils repoussent

les fers. Que fait trop souvent le gouvernement?
Il satisfait ceux qui crient le plus fort ou qui sont
le plus influents; moi, je voudrais les contenter
tous.

Entreprise chimérique! répondrez-vous. Ce serait la plus sûre et la plus facile de toutes, si elle
était exécutée hardiment, comme elle le sera
bientôt en Angleterre. Et ici, monsieur, je veux
vous faire une loyale concession. Quoique je demeure convaincu que nos industries se font trop
petites, et qu'elles sont de tempérament pour la
plupart à braver le grand air de la concurrence
étrangère, je ne pense pas qu'il faille ouvrir nos
portes à deux battants, sans ménagement, sans
transition. Il est quelquefois prudent de ne pas
apprendre aux gens trop brusquement, même une
bonne nouvelle, de peur de leur causer une vive
émotion. Au fond, je suis persuadé que personne
n'en mourrait, mais la prudence exige des concessions. Vous les motiveriez, monsieur, à ce que
je vois par votre dernière lettre, sur ce que notre
pays est encore inférieur à l'Angleterre sous le
rapport des capitaux, des moyens de communication, de l'instruction professionnelle. Permettez-moi de vous répondre que ce qui se passe en
ce moment ne justifie pas vos craintes relativement aux capitaux. Les capitaux abondent et ne
demandent, pour accourir, que des emplois avantageux. Rien ne restreint ces emplois dans des limites plus étroites que le système prohibitif.

Le principal argument des partisans de la protection, après l'insuffisance des capitaux, c'est l'infériorité des voies de communication et des connaissances industrielles. J'ai déjà eu l'honneur de répondre, monsieur, à ce grief des défenseurs du régime restrictif, en vous citant les grands travaux exécutés en France depuis quinze ans; nos progrès industriels n'ont pas aujourd'hui une seule machine perfectionnée, en Angleterre, qui ne pénètre en France avec la plus grande rapidité, et le niveau technologique ne peut s'élever sur un point sans s'élever sur tous les autres. Les barrières tendent donc à tomber de tous côtés; elles n'existeraient réellement plus du moment où des relations plus intimes s'établiraient entre les peuples sous les auspices de la liberté du commerce. On n'échangerait pas seulement les produits, mais les moyens de produire, et la plus salutaire émulation, la plus complète division du travail régneraient dans la société industrielle universelle.

Je vous réservais, monsieur, pour dernier argument les intérêts de notre marine. Vous en parlez souvent et vous avez raison. Mais si aujourd'hui nos pavillons sont en berne et nos vergues descendues à mi-mât, n'est-ce pas la faute, j'ai presque dit le crime, du système protecteur? De quoi voulez-vous que vive notre marine, sous un système qui interdit tous les retours? Vous aviez le sésame en Orient; plus de sésame! M. Darblay l'a tué roide. Vous auriez le café au Brésil, vous auriez le sucre à Cuba, vous auriez quelque chose partout : vous n'avez rien nulle part. Vous ne voulez rien acheter, vous ne pouvez rien vendre. Vous faites payer à vos armateurs des droits énormes sur tous les matériaux qui entrent dans la construction d'un navire, et quand ce navire, si chèrement construit, est lancé, vos tarifs le retiennent au port. Hommes inconséquents que vous êtes ! Vous criez que M. Guizot est vendu à l'Angleterre, et s'il vous proposait demain la réforme commerciale, qui relèverait notre marine, vous le traiteriez comme nous d'ennemi public!

Vous avez raison, monsieur, la liberté du commerce se ferait attendre longtemps, si nous devions la recevoir des hauts et puissants seigneurs du colza, de la laine et du fer. Au point où nous en sommes, elle doit nous arriver par une voie plus sûre, je vous l'ai signalée, je l'appelle la force des choses. Vous avez très-ingénieusement répondu : « La force des choses, c'est la dévastation dans » l'ordre naturel, le bouleversement dans l'ordre » politique. » Sans doute; mais que peut-on faire pour des sourds, si ce n'est de crier fort, quand le char approche, afin de les empêcher d'être écrasés ? La réforme commerciale anglaise ne demeurera pas longtemps un fait isolé. Utile ou nuisible pour nous (vous le croyez menaçant, je le crois rassurant), ce fait immense va s'accomplir, portant dans ses entrailles les conséquences qui en

doivent fatalement découler. Il ne s'agira bientôt
plus de savoir si la protection vaut mieux que la
liberté, et si la liberté du commerce doit mettre
dix ans ou vingt ans à passer la Manche. Au risque de faire une comparaison qui ne déplaira
point à l'honorable M. Darblay, je me borne à
vous rappeler que le choléra éclatait naguère à
Paris, venant de Londres, tandis que la quaran-
taine était inflexible à Calais.

Et les quarantaines elles-mêmes ne s'en vont-
elles pas? Tous les vieux dieux s'en vont, y compris le dieu de la guerre. Reste celui de la paix
et de la liberté, qui nous consolera de la perte
des autres, et qui est le véritable, monsieur, parce
que c'est lui qui réunit les hommes dans le sentiment du bien-être commun, non-seulement d'un
peuple, mais de tous les peuples de la terre. L'Angleterre ne doit pas demeurer seule à la tête de
ce culte, de cette grande rénovation sociale, et
j'ose croire aussi fermement que je crois à la Pro-
vidence, que la France prendra bientôt son rang
dans cette marche solennelle vers un nouvel avenir. Quand vous voudrez, monsieur, que j'aille
au vif des détails, et que je prenne la douane corps
à corps pour vous démontrer qu'elle fait payer
deux espèces d'impôts, l'impôt à l'État, que je
trouve bon quand il est modéré, et l'impôt à certains particuliers, que je trouve toujours détestable, je suis prêt, et nos lecteurs verront des

choses fort curieuses. Vous me direz alors vous-
même ce que vous pensez d'un tel régime, et s'il
peut encore durer dix ans.

BLANQUI.

A M. BLANQUI.

III.

« Quoique je demeure convaincu que nos in-
» dustries se font trop petites et qu'elles sont de
» tempérament, pour la plupart, à braver le
» grand air de la concurrence étrangère, *je ne
» pense pas qu'il faille ouvrir nos portes à deux
» ballants, sans ménagement, sans transition.* »
Après cet aveu de votre dernière lettre conçu dans
les termes que je viens de transcrire, pour peu
que le débat m'embarrassât à poursuivre, je serais
fondé à le déclarer clos en proclamant victorieu-
sement qu'il n'y a plus, entre nous, que l'épais-
seur d'une mince question de fait, d'une question
d'appréciation du plus ou du moins.

Reportez-vous, en effet, à ma première lettre,
vous y trouverez cette déclaration qui résume
toute mon opinion :

« C'est à tort, selon moi, qu'on fait de la liberté
» du commerce et de la protection de l'industrie
» deux systèmes exclusifs, qu'on oppose l'un à
» l'autre. A mes yeux, la protection de l'industrie

» est à la liberté du commerce ce qu'est sur une
» même route le point de départ au point d'ar-
» rivée.

» La question de la liberté du commerce est,
» avant tout, une question de maturité industrielle
» et d'expansion maritime. »

Ma dernière lettre se terminait par ces mots :

« Sous la réserve expresse que la liberté com-
» merciale ne sera que le développement régulier
» de la loi du progrès appliquée à toutes et à cha-
» cune de nos industries, la liberté que vous dé-
» fendez me trouvera dans les rangs de ses par-
» tisans sincères ; mais elle me trouvera dans les
» rangs de ses adversaires déclarés, si elle a la
» prétention de triompher prématurément, incon-
» sidérément, révolutionnairement. »

Si près de tomber d'accord sur le fond de la
question, quels sont donc les points sur lesquels
nous sommes en dissidence ? — C'est ce qu'il est
temps de préciser, car ce débat, que vous avez
indirectement provoqué en accusant *la Presse*
« d'être arriérée sur la question de la liberté du
» commerce, elle si avancée, disiez-vous, sur tout
» le reste ! et de s'obstiner à prêter aveuglément
» son appui au vieux système de protection dont
» nous serions débarrassés avant dix ans, » ce débat, pour être utile, ne doit pas rester un vain
tournoi de paroles, un combat où des deux parts
on s'ajuste héroïquement au-dessus de la tête, afin
de satisfaire l'honneur sans risquer de se blesser

ni l'un ni l'autre; il faut que ce débat porte avec lui sa conclusion.

Mais d'abord quelques mots sur MM. Guizot, Duchâtel, Lacave-Laplagne, Cunin-Gridaine, que vous commencez par proclamer franchement être » fort en état de mener à bonne fin la révision » générale des tarifs, » et que, dans le même paragraphe de votre lettre, vous finissez par représenter comme « s'arrêtant *éperdus* ou *attendris* « devant M. Darblay, le Luther de la prohibition » dans le parti agricole, ou devant M. Mimerel, » qui en est le Melanchton dans le parti manu- » facturier ! »

Est-ce une contradiction qui vous est échappée, je vous le demande, ou n'est-ce qu'une double ironie que vous avez voulu déguiser?

Pour l'honneur des quatre hommes d'État dont vous avez cité les noms, j'aime à croire que s'ils ne s'élancent pas inconsidérément sur les traces de sir Robert Peel, c'est qu'ils sont retenus par un autre obstacle que celui devant lequel vous les faites reculer, *éperdus*, *attendris*, c'est qu'ils sont retenus par la crainte d'exposer notre industrie à une lutte trop inégale qu'elle ne saurait encore affronter, sans risquer de succomber.

S'il en était autrement, s'ils pensaient comme vous que la France n'a qu'à gagner à suivre hardiment l'Angleterre dans la voie de la liberté du commerce, et qu'à « s'empresser de prendre son » rang dans cette marche solennelle vers un nou-

» vel avenir, » s'il était vrai que la peur d'é-
chouer devant les influences qui dominent au sein
de nos Chambres législatives et des conseils-gé-
néraux de l'agriculture, de l'industrie et du commerce, fût la seule considération qui les arrêtât,
quelle opinion faudrait-il se former du caractère
des hommes d'État que vous célébrez ?

Que parlez-vous des résistances qui existent
dans nos assemblées délibérantes? Est-ce qu'il
n'en existe pas de tout aussi grandes, de tout
aussi énergiques dans le parlement anglais? Est-ce
que la Chambre des lords presque tout entière,
forte de l'opposition des comtés, forte des suf-
frages du parti agricole, si nombreux, si riche,
si puissant, est-ce que cette Chambre n'oppose
pas à la tentative de sir Robert Peel des efforts
désespérés dont il n'est pas encore certain qu'il
triomphe ? Est-ce que dans cette Chambre des
communes, la majorité qui l'a porté aux affaires
en 1840, ne fait pas entendre d'injurieux mur-
mures, de véhémentes imprécations ? N'est-ce
donc rien que de voir ceux des membres de cette
majorité mécontente qui se décident à appuyer
le ministère, réduits à abdiquer leur mandat et à
en solliciter le renouvellement, fort incertain ?
Telles sont, à cet égard, les dispositions des élec-
teurs, que M. Peel, qui n'est pas sûr d'avoir pour
lui la majorité électorale, refuse de recourir à
l'épreuve décisive de la dissolution. Certes, ce
sont là des difficultés, des obstacles, sinon insur-

montables, du moins tout aussi grands , pour ne
pas dire plus grands que ceux par lesquels vous
cherchez à expliquer pourquoi nos ministres, bien
que vous leur supposiez les mêmes doctrines, les
mêmes convictions économiques qu'à vous-même,
n'essaient pas de faire passer ces doctrines, ces
convictions dans le domaine des faits. Eh bien !
cela arrête-t-il sir Robert Peel, cele l'empêche-t-il
de proposer ce qu'il croit utile et juste? Non. Il
l'a déclaré hautement : le pouvoir n'a de prix à
ses yeux que parce qu'il lui offre l'occasion de
faire triompher des idées fécondes, de rendre des
services publics. Il se sert donc du pouvoir pour
entraîner dans ce qu'il regarde comme la bonne
voie, le gouvernement, les Chambres, malgré l'a-
gitation des esprits rebelles, malgré l'hostilité
des influences dont il a, lui aussi, le plus grand
besoin, car il est ministre dans un pays où, comme
dans le nôtre, le pouvoir ne s'exerce qu'à la condition d'avoir avec soi la majorité.

Vous admirez cette conduite hardie, cette initiative vigoureuse. Vous avez raison ; mais con-
venez alors que votre admiration est un piédestal
qui ne grandit pas beaucoup ceux de nos hommes
d'État qui, partisans de la liberté du commerce,
se borneraient à montrer du doigt les obstacles
qu'il y aurait à vaincre pour se dispenser d'essayer de les surmonter.

Écartons de ce débat, pour n'y plus revenir,
les personnes et les principes sur lesquels nous

ne différons d'avis qu'en apparence, et ne nous occupons plus désormais que des choses sur lesquelles nous sommes en dissentiment réel et sérieux.

La comparaison que j'ai tirée de ce qui se passe pour l'industrie des journaux, où, sur le prix de 48 fr. par an, 36 fr. représentent non un bénéfice de cette industrie, mais uniquement les taxes qu'elle a payées d'avance au gouvernement, cette comparaison peut servir à expliquer ce qui se passe dans presque toutes les branches d'industrie. Vous parlez d'une chemise que vous ne payeriez que *six* francs à Londres et qui vous coûte *dix* francs à Paris ; quoique la différence que vous établissez entre les deux prix soit quelque peu exagérée, j'accepte votre exemple, et je dis : Non, cette différence ne représente pas un impôt payé par le consommateur au fabricant français ; non, cette différence n'entre pas, à titre de bénéfice, dans la caisse de ce fabricant, elle représente simplement toutes les causes, indépendantes de lui, qui concourent à enchérir sa fabrication ; elle représente le droit de 22 fr. par 100 kilogrammes qu'il a payé sur le coton qui lui a servi de matière première, *droit que ses rivaux d'Angleterre ne payent pas*. Elle représente l'intérêt qu'il sert pour les fonds employés dans son industrie, intérêt plus considérable que celui qui est supporté par le fabricant anglais, lequel, étant établi depuis plus longtemps, a pu, grâce aux profits déjà accumulés, amortir son capital de fondation, et trouve aisément ainsi, dans un prix de vente moindre, un bénéfice supérieur. Je reviendrai tout à l'heure sur cette question des capitaux : pour le moment, je constate un fait qui me paraît à l'abri de toute controverse.

Ce sont ces causes et beaucoup d'autres qui expliquent la différence que vous signalez entre les prix de certains articles anglais et français, et l'on n'a pas le droit de dire aux consommateurs qu'en payant cette différence, *ils payent un tribut au fabricant français*, qu'ils l'enrichissent à leurs dépens. Ceux qui disent cela ne raisonnent pas, ils déclament !

Et votre esprit éclairé n'a pas tardé à le comprendre, car vous finissez par vous écrier en effet : « Eh bien ! qu'on dégrève les matières premières ! » Ici, nous sommes d'accord. Ce droit à l'entrée des matières premières est un impôt contre lequel la *Presse*, que vous dites arriérée, a souvent protesté. Quel motif a-t-on, par exemple, de maintenir le droit de 22 fr. par 100 kilog. sur le coton ? La France n'en produit pas, elle n'a donc pas à craindre de nuire à un intérêt national en affranchissant cette matière première qui nous vient surtout d'Amérique. Le droit que l'état prélève est purement fiscal ; c'est, comme disent les prédicateurs de la Ligue en Angleterre, « un impôt » en vue du revenu, et non en vue de la protec- » tion, » genre d'impôt qu'ils approuvent fort, et que vous trouvez bon quand il est modéré. Eh bien ! je le déclare, ce droit de 22 fr. prélevé *en vue du revenu*, est un droit qui aurait dû être supprimé depuis longtemps, car il pèse, en définitive, sur le consommateur à qui le fabricant est bien obligé d'en demander le remboursement ; il a pour effet de rendre plus défavorables les conditions de notre industrie, dans sa concurrence contre l'industrie anglaise qui ne paye pas, elle, un *farthing* pour les millions de balles qu'elle met en œuvre dans ses fabriques. Mais ne dites pas que c'est là le tort d'un système protecteur bien conçu : c'est le tort de ce détestable esprit de fiscalité qui a trop d'empire dans nos affaires, et qui m'a fait dire ailleurs : La fiscalité perd la France !

Votre exemple des couteaux n'est pas plus concluant que l'exemple des chemises : tout cela repose sur cette idée générale qu'en ouvrant les frontières, qu'en supprimant les tarifs qui entravent plus ou moins l'importation étrangère, on assurerait au consommateur d'immenses avantages, la possibilité d'avoir toujours à bon marché les objets qui lui sont nécessaires. Voilà l'idée capitale du système que vous défendez. Cette idée est-elle aussi vraie que l'école à laquelle vous appartenez paraît le croire ? Je le nie.

Je le nie, et à l'appui de mon opinion, j'invoque tout de suite des faits actuels, qui sont sous les yeux de tout le monde, et dont la signification ne saurait par conséquent être mise en doute. Ces faits son empruntés à l'industrie du fer.

Il y a quelques années, presque toutes les machines locomotives étaient demandées à l'Angleterre. Nos établissemens métallurgiques n'étaient pas en état de les construire. On se plaignait beaucoup du droit qu'il fallait payer pour introduire ces machines. On supputait les millions qui pourraient être économisés par le consommateur, si ces puissants instruments de circulation étaient admis sans droits, ou à des droits très-réduits. Les droits ont été maintenus, et qu'est-il arrivé? Nos établissements nationaux, voyant s'ouvrir devant eux ce nouveau débouché, ont fait des efforts admirables pour construire les locomotives aussi bien que les Anglais. En trois ans, ils y sont parvenus. D'immenses ateliers ont été créés et pourvus d'un outillage complet ; de nouvelles ressources ont été offertes au travail, et à l'heure qu'il est les machines françaises, aussi parfaites que toutes celles que pourrait nous livrer l'Angleterre, sont *moins chères* à Paris qu'à Londres ou à Newcastle. Si donc on avait écouté ceux qui demandaient, il y a quelques années, l'ouverture de la frontière aux locomotives anglaises, qu'aurait-on fait? On aurait empêché ou du moins retardé la création de tous les établissements nouveaux qui existent aujourd'hui, le développement des anciens, enfin la conquête d'une industrie de la plus haute importance. Et ce mal, car c'en eût été un, l'aurait-on du moins compensé par un avantage réel en faveur du consommateur? Non, puisque déjà le prix des locomotives anglaises est *plus élevé* que celui des locomotives françaises, et aurait haussé dans une bien plus rapide proportion encore, si le constructeur anglais avait eu la perspective de l'approvisionnement de la France à ajouter à celle qui s'ouvrait dans son propre pays.

Ainsi, l'intérêt du consommateur n'y aurait rien gagné, et une foule d'autres intérêts y auraient considérablement perdu. Ce qui est vrai des locomotives l'est également des rails et de plusieurs autres articles importants. Je ne cite ce fait que parce qu'il est capital et qu'il démolit de fond en comble tout l'édifice de raisonnements sur lequel on a l'habitude de s'appuyer quand on demande l'application irréfléchie et prématurée du principe de la liberté commerciale. Vous me ferez une objection que je prévois; mais comme tout ne peut se dire à la fois, vous me permettrez d'attendre que vous l'ayez faite pour y répondre.

J'ai promis plus haut de revenir sur la question des capitaux. Un mot d'explication est en effet nécessaire. Pour prouver que l'industrie peut se les procurer en France aussi facilement et à d'aussi bonnes conditions qu'en Angleterre, vous citez ce qui se passe en ce moment. « Les capitaux abon- » dent, » dites-vous. — Oui, à la Bourse, pour les spéculations de chemins de fer, où l'on a vu se faire en peu de temps des fortunes considérables. Mais dans l'industrie proprement dite, en est-il ainsi? N'avez-vous pas entendu ces doléances publiquement exprimées contre la tendance presque universelle qui pousse les capitaux dans les hasards du jeu et les détourne des emplois qu'ils cherchaient autrefois dans l'agriculture et dans les manufactures? Ce sont là des plaintes qui se sont élevées de toutes parts. Pour vous répondre sur ce point, il me suffira donc, à moi aussi, de vous citer « ce qui se passe en ce moment. »

Je n'ajouterai rien à ce que j'ai déjà dit sur l'insuffisance et l'infériorité de nos voies de communication comparées à celles de l'Angleterre. Cela n'est pas contesté. Je vais donc tout droit à votre dernier argument, à celui que vous me *réserviez* comme le plus décisif. Il s'agit de la marine : « Si » nos pavillons sont en berne, et nos vergues des- » cendues à mi-mât, n'est-ce pas la faute du » système protecteur? » Non, certes! J'affirme, au contraire, qu'une des grandes causes de la décadence de notre marine marchande, la principale peut-être, tient précisément à ce qu'on n'a pas su, en France, lui appliquer judicieusement le principe du système protecteur que l'Angleterre a si habilement et si heureusement pratiqué, car, dès 1381, Richard II défendait à ses sujets d'importer ou d'exporter aucune marchandise sur d'autres vaisseaux que ceux munis de la permission du roi. Le fameux *acte de navigation,* auquel l'Angleterre est redevable de la suprématie maritime qu'elle a acquise, assure aux sujets anglais : — l'exercice exclusif du commerce des colonies anglaises ; — il interdit aux navigateurs européens d'importer dans l'empire britannique des marchandises provenant d'un autre pays que celui auquel ils appartiennent ; — il interdit aux mêmes navigateurs le cabotage, qui est ainsi réservé aux sujets anglais ; — enfin, il promet aux vaisseaux de construction anglaise ou appartenant à des sujets anglais, des avantages particuliers dans les tarifs de douanes. Voilà ce que l'Angleterre faisait en 1651 pour son pavillon ! — Que faisait la France pour le sien ? — Elle ne tenait aucun compte des avertissements que des hommes éclairés lui donnaient. Ainsi, il existe un petit livre imprimé en 1754, dans lequel les avantage que procurait à l'Angleterre l'art de la navigation sont indiqués avec précision. L'auteur anonyme de cet ouvrage y montre avec force que l'établissement colonial de la France, plus riche que celui de l'Angleterre, doit infailliblement périr, si la législation ne favorise la multiplication des marins et la construction des vaisseaux en France. Vain avertissement, triste prédiction, malheureusement accomplie ! Puisse le même sort n'être pas réservé à nos paroles lorsque nous crions à la France qu'elle court à sa décadence, à sa perte, par l'absence de tout système, en marchant comme elle le fait au jour le jour, aveuglément et au hasard, en gaspillant de précieuses ressources, en s'exposant enfin à être prise au dépourvu par le premier événement grave qui viendra troubler la paix du monde!

On a fait, en France, pour l'industrie maritime, ce que vous voudriez qu'on fît aujourd'hui pour toutes les autres industries. Elle était en présence de deux rivales, la marine anglaise et la marine américaine, toutes deux plus fortes et plus avancées qu'elle, grâce à des circonstances particulières que j'ai déjà eu plus d'une fois l'occasion d'expliquer. Eh bien! on n'a tenu aucun compte de cette disproportion de forces. On a dit à la marine faible, mais qui pouvait grandir sous un régime habilement conçu, on lui a dit de lutter d'égale à égale avec ces deux marines développées depuis longtemps, depuis longtemps ses aînées. Elle a lutté, ou plutôt elle a succombé, parce que la lutte était impossible. Voilà l'œuvre des traités de 1822 et de 1826, traités qui ne sont autre chose que l'application de vos idées à l'industrie maritime, que la dérogation la plus fâcheuse au système protecteur, tel que je le conçois et le soutiens. L'exemple que vous m'opposez, ce n'est pas moi, c'est vous qu'il condamne.

Sans doute, d'autres fautes ont influé sur cette triste situation de notre marine marchande. Les fautes commises dans la question des sucres, dans la question du sésame, y sont pour beaucoup. A qui le dites-vous? Est-ce que la *Presse* peut en être responsable, elle qui, — bien qu'accusée par vous de prêter un aveugle appui au vieux système de protection, — a fait tout ce qui était en son pouvoir pour empêcher qu'on ne les commît ; elle qui a proposé, soutenu, développé à satiété des combinaisons conçues dans un esprit tout contraire et qui aurait certainement conduit à des résultats tout différents? Un mot à ce sujet avant de finir : la *Presse* et ses rédacteurs sont à l'égard des questions économiques, ce qu'ils sont à l'égard des questions politiques : — des conservateurs amis du progrès et fermement convaincus qu'il y a des transactions possibles, nécessaires même, entre les deux systèmes qu'on a l'habitude d'opposer l'un à l'autre. En matière politique, la *Presse* est loin d'admettre toutes les préventions irréfléchies de ses amis ; en matière économique, elle n'admet pas davantage ces prétentions absolues, exclusives, insoutenables, auxquelles se cramponnent des gens timorés, comme à la branche qui doit les sauver. Sur l'un et l'autre terrain, la *Presse* a toujours le soin de bien marquer la ligne où elle arbore son drapeau. Ce drapeau est le seul qu'elle défende. Ne la placez pas arbitrairement sous un autre, pour la combattre plus à l'aise ; cela ne serait pas juste, et cela ne serait pas habile, car elle saurait bien vous ramener toujours dans les véritables limites d'où elle ne veut pas sortir.

Je me résume, et je vous pose les questions suivantes :

Quelles sont les taxes que vous considérez
« *comme des impôts prélevés sur les citoyens, non*
» *au profit de l'État, mais au profit des particu-*
» *liers* », et dont vous demandez la suppression?
— Énumérez-les.

Quels sont les droits qu'il faudrait abolir ou
abaisser pour que « *nous travaillions désormais*
» *comme des hommes, et ne demandions plus*
» *pour quelques-uns une protection qui appartient*
» *à tous?* » — Dites-le.

A quel chiffre chacun de ces droits devrait-il
être abaissé pour que nous soyons bientôt admis
à jouir de ce bienfait : « *l'égalité devant la douane?* »
— Fixez-le.

Quelles sont « *ces lois absurdes, odieuses, ridi-*
» *cules, grotesques* », dont l'abrogation, selon
vous, ne saurait se faire plus longtemps attendre?
— Citez-les.

Quelles sont les mesures à prendre pour résoudre cette double difficulté qui ne vous en paraît
pas une : « *Protéger l'agriculture en lui donnant*
» *à bon marché les produits manufacturés, et l'in-*
» *dustrie en lui fournissant à des prix modérés les*
» *produits de l'agriculture?* » Faites-les moi connaître sans retard, que je m'empresse de les appuyer.

Une nation qui possède des germes de richesses

faciles à féconder, des éléments de travail précieux, doit-elle commencer par attirer les produits de l'étranger, sauf à attendre que le progrès de la consommation appelle les siens sur le marché par la hausse des prix et la rareté des matières, ou bien doit-elle commencer par éloigner les produits de l'étranger, afin d'encourager chez elle les progrès de la production et de la fabrication, sauf à réduire graduellement cette protection?

Vous désirez, dites-vous, « aller au vif des dé» tails et prendre la douane corps à corps ». En voilà l'occasion !

ÉMILE DE GIRARDIN.

A M. ÉMILE DE GIRARDIN.

III.

Avant de répondre aux questions que vous avez si nettement posées, permettez-moi de constater en peu de mots le chemin que nous avons parcouru. Vous m'avez fait connaître que vous ne partagiez pas les prétentions *absolues, exclusives, insoutenables,* de plusieurs de vos amis politiques en matière économique, et je vous ai franchement déclaré à mon tour que la réforme des tarifs, objet de tous mes vœux, ne devait pas se faire sans ménagement, ni sans précautions. Sur cette double concession, nous sommes parfaitement d'accord, mais nous différons encore d'avis sur tout le reste. J'espère que cette lettre nous rapprochera quelque peu, et que vous reconnaîtrez que je vais droit au but, sans qu'il soit nécessaire de m'y aider.

Mon opinion est toujours que notre système exagéré de douanes nuit au travail national en

5.

élevant le prix des matières premières, et en compliquant les difficultés naturelles de la production, de toutes sortes de combinaisons artificielles, incohérentes, sans rapport entre elles et sans raison scientifique ou politique. Ainsi, tantôt le *drawback* restitue au fabricant plus que celui-ci n'a payé, et lui assure une prime aux dépens de ses concitoyens, *et au profit de l'étranger ;* tantôt le droit d'entrée sur certains articles en restreint tellement la consommation, que l'État y perd un revenu sans que le manufacturier y gagne un acheteur. Ne trouvez-vous pas étrange, en effet, que nous portions en Suisse, en Belgique, en Allemagne, nos sucres raffinés, nos draps et nos savons à des prix bien inférieurs à ceux de France, et que nous soyons privés, par exemple, des excellents tapis veloutés de Smyrne, frappés du droit exorbitant de 550 fr. par 100 kilogr. La conséquence de ce système est de nous faire produire cher pour nous-mêmes et à bon marché pour l'étranger ; et quand l'étranger produit à bon marché pour nous-mêmes, de nous faire perdre les avantages du bas prix, à l'aide d'un droit élevé. Fut-il jamais au monde tendance plus absurde ?

Je ne saurais reculer d'un pas devant la réfutation que vous avez essayé de faire de l'argumentation si simple, et selon moi si décisive, tirée de l'exemple des couteaux et des chemises. Quand je paye 6 fr. à Paris un couteau

que je pourrais faire venir de Londres pour 3 fr.,
vous ne voulez pas m'accorder que j'ai payé un
impôt de 3 fr. au coutelier français. Cet impôt,
dites-vous, n'entre pas dans sa poche. Tant pis !
j'aimerais bien mieux qu'il y entrât. Mais s'il n'y
entre pas, n'est-il pas vrai que j'ai payé 3 fr. en
pure perte, sans avoir la consolation qu'un de
nos concitoyens en ait profité? Vous me donnez
raison bien plus que je ne l'espérais. Cela veut
dire que nous avons entretenu en France une fabrication artificielle et onéreuse, au lieu de vingt
industries naturelles et productives qui auraient
fait notre fortune.

Dans mon système de liberté générale et progressive, tout se tient et se prête secours. Je ne
veux pas ruiner le coutelier pour favoriser le consommateur. Je commence par abaisser les droits
sur les fers et les aciers, en attendant qu'on les
abolisse. Je donne au coutelier sa matière première et son combustible au plus bas prix possible, et s'il ne peut travailler avec profit dans de
pareilles conditions, je ne connais aucune considération raisonnable en vertu de laquelle on puisse
exiger davantage. Je traite avec la même libéralité
le fabricant de cotonnades, et quand je lui accorde
d'une main des cotons libres de droits, des machines qu'il peut acheter où bon lui semble, du
combustible au meilleur prix, je lui retire de l'autre main la prohibition insolente en vertu de laquelle il m'interdit de consommer d'autres pro-

duits que les siens. Je secoue le joug de cette dictature intolérable qui nous fermerait les marchés du monde, et qui nous abrutirait, si elle pouvait s'étendre à toutes les industries.

Vous avez paru attacher une grande importance à ce que l'on vous a rapporté des progrès qu'a faits depuis quelques années, en France, la fabrication des locomotives, et vous attribuez ces progrès au système protecteur. Je vous arrête ici tout court pour vous déclarer, sans crainte d'être démenti, que nos locomotives, loin d'être moins chères, sont *plus chères* que celles de l'étranger, et elles ne sont pas meilleures. Demandez-en des nouvelles à l'un de vos savants collègues de la chambre des députés, M. Pouillet, qui se connaît aussi bien qu'aucun homme de France en machines, et vous saurez la vérité. Dispensez-moi de vous citer plus d'un essai malencontreux opéré sur nos chemins de fer, et plusieurs locomotives rendues à leurs auteurs, après bien des voyages aventureux. Oui, cette industrie a fait des progrès, infiniment moins décisifs que ceux que vous supposez et que je lui souhaite; mais elle n'en est pas encore au point où l'on vous a dit qu'elle était arrivée. Et si elle y était parvenue, en dépit du droit élevé sur les fers, les fontes, les aciers et les houilles, n'en concluriez-vous pas plus naturellement avec moi, qu'elle n'a pas besoin de la protection qui lui est maintenue?

Je ne me sens pas non plus embarrassé de l'argument tiré de l'infériorité relative des capitaux français comparés aux capitaux anglais. D'abord, il y a d'autres nations industrielles que l'Angleterre en Europe, et je crains bien que cette excessive préoccupation au sujet de l'Angleterre, plus politique qu'économique, ne contribue à entretenir les préjugés déplorables qui règnent en France sur les questions commerciales. Est-ce que l'Espagne, qui se réveille radieuse aujourd'hui, est-ce que l'Allemagne, l'Italie, la Belgique ne comptent pour rien dans nos échanges? Si donc les capitaux français se précipitent sur les chemins de fer plutôt que vers les entreprises commerciales, ce n'est pas que ces capitaux soient rares, c'est que le régime protecteur ne leur assure aucun emploi avantageux. Supposez un moment que mes vœux s'accomplissent, et qu'un système de douanes plus libéral s'établisse parmi nous, vous verriez bientôt se former des entreprises inattendues, principalement dans le commerce maritime aujourd'hui si triste et si languissant. Observez plutôt ce qui est arrivé aux Anglais eux-mêmes, lorsqu'ils ont aboli le privilége de la compagnie des Indes et ouvert l'Asie entière au génie émancipé de tous leurs armateurs! Croyez-vous que le Havre, Nantes, Bordeaux et Marseille aient perdu le feu sacré du grand commerce? Hélas! c'est la protection qui les tue; c'est le système protecteur qui a ruiné la marine française : qui le sait mieux qu'elle-même?

Je rencontre ici votre plus vive et dernière objection, et je l'aborde franchement. Vous supposez, au contraire, que c'est le défaut de protection
qui est la cause principale de cette décadence dont
nous gémissons tous. Vous citez le fameux Acte
de navigation des Anglais; vous blâmez les traités
de 1822 et de 1826, qui leur ont ouvert nos ports
ainsi qu'aux Américains sous certaines conditions.
Je vais raisonner un moment dans votre hypo-
thèse, et je suppose que ces traités n'eussent pas
existé; la marine française n'en eût pas prospéré
davantage. Elle n'aurait pas transporté, croyez-le
bien, tout ce qui nous est arrivé par la marine
anglaise et américaine. Elle est trop chère, et le
plus sûr résultat du monopole dont vous regrettez
qu'elle n'ait pas été investie, eût été d'ajouter au
prix des marchandises, déjà fort aggravé par nos
tarifs, le prix d'un fret plus élevé, qui aurait restreint
dans d'étroites limites les opérations commerciales.
Vous êtes d'ailleurs bien difficile, si vous n'êtes
pas content des droits différentiels. Et pourquoi
procéder toujours par élévation de prix? pourquoi
toujours des monopoles? pourquoi toujours proscrire ce qui coûte peu, et rechercher ce qui coûte
beaucoup? Pourquoi préférer la disette, quand le
monde entier vous apporterait l'abondance?

Non, non, ce n'est pas en taxant, en surtaxant,
en multipliant les obstacles au lieu de les aplanir
que nous élèverons la production française au
rang qui lui convient. C'est par un système de

dégrèvement savamment combiné, prudemment et énergiquement conduit que nous arriverons à ce grand résultat, et le moment me semble arrivé de vous en faire apprécier vous-même l'urgente nécessité en répondant catégoriquement aux questions que vous avez posées à la fin de votre dernière lettre. Il faut aborder avec vous ce triste et lamentable sujet. A l'œuvre donc, puisque vous le voulez. Vous me demandez « quelles sont les » taxes que je considère comme des impôts pré- » levés sur les citoyens, non au profit de l'État, » mais au profit des particuliers. » Je vous réponds : *toutes les prohibitions*. Vous ne soutiendrez pas que l'État reçoive quelque chose quand la douane ne laisse rien entrer ; mais les citoyens n'en payent pas moins. Or, *toutes les étoffes de laine* et *toutes les étoffes de coton* sont prohibées, venant de l'étranger. Comparez les prix maintenant ; supposez que la France consomme pour 100 millions de tissus de laine et pour 200 millions de tissus de coton, ce n'est pas trop dire. Si l'étranger lui fournissait pour 250 millions ce qu'elle paye 300 millions de francs à ses fabriques, la France n'aurait-elle pas 50 millions de francs disponibles pour d'autres achats, c'est-à-dire un capital circulant, tout prêt à vivifier mille et mille industries ! Et c'est la vérité !

Je vous entends répliquer : Que deviendraient nos fabriques de draps et de coton, d'Elbeuf et de Mulhouse, sous l'empire de la liberté du commerce? Ce qu'est devenue la fabrique de sucre de betteraves de M. Crespel, qui végétait quand le sucre se vendait 6 fr. la livre sous le blocus continental, et qui prospère aujourd'hui que le sucre vaut 18 sous et que tout le monde en fait. J'éprouve quelque peine quand je vois nos ingénieux fabricants chamarrés de décorations et de médailles d'or pour leurs triomphes, se blottir comme des poltrons derrière la prohibition et nous défendre jusqu'à la vue d'un morceau de drap belge, anglais ou prussien. Ah! vous êtes bien humbles pour des vainqueurs, et vous portez là des rubans gagnés sur de bien pacifiques champs de bataille! Combien j'aimerais mieux vous voir admettre quelque jour, au concours de vos expositions, vos rivaux de Verviers ou d'Aix-la-Chapelle et les battre à plate couture, comme vous en êtes capables! Mais la prohibition, qui lève tribut sur nous avec arrogance et couardise; fi! messieurs, j'en ai honte!

Voulez-vous que je continue? Ce n'est pas seulement la prohibition qui lève taxe au profit de certains particuliers, c'est aussi l'industrie du fer. Ce qu'a coûté à la France l'éducation de cet enfant indocile et exigeant, Dieu le sait et l'honorable M. Talabot aussi. Si M. Darblay voulait me prêter son concours pour un moment, n'aurait-il rien à me dire, lui, de ce magnifique impôt payé par l'agriculture à la métallurgie depuis trente années? Le chiffre en serait effrayant, si je faisais cette analyse. Que ne nous promettaient pas MM. les

maîtres de forges quand, à l'approche de quelque
enquête menaçante, ils demandaient un répit de
cinq ans, il y a plus de dix ans, jurant qu'au bout
de ce temps ils seraient prêts à tout et ne nous taxe-
raient plus sans miséricorde? Dix ans se sont écou-
lés, et leur langage est devenu plus hautain que
jamais. Tout leur paye tribut, depuis la bêche du
jardinier jusqu'au volant de nos machines à vapeur; tout leur est devenu élément de fortune;
les chemins de fer, la navigation, l'industrie ma-
nufacturière, et ils ne veulent rien rabattre du
chiffre de l'impôt que nous payons depuis trente
ans de paix en vue d'une chance de guerre! Que
diriez-vous d'un homme qu'on tiendrait toute
sa vie au régime du quinquina pour le préserver
d'un accès de fièvre!

En est-ce assez sur cette question? J'arrive à la
seconde. « Quels sont les droits qu'il faudrait abo-
» lir ou abaisser pour que nous travaillions désor-
» mais comme des hommes, et ne demandions plus
» pour quelques-uns une protection qui appartient
» à tous? » — En première ligne, je place les droits
sur les fers, sur les houilles, sur les matières premières. Toutes les industries emploient du fer
et du combustible. Les droits protecteurs éta-
blis en faveur de ces *deux articles* pèsent donc,
en réalité, sur *tous* les autres. Mécaniciens, tail-
landiers, agriculteurs, voituriers, marins, l'État
lui-même, comme consommateur de fer, payent
tribut aux maîtres de forges, dont le brevet d'in-

vention est expiré, ce me semble, depuis longtemps. Lisez l'enquête de 1834 et la déposition de M. Boigues ; vous verrez ce qu'on nous promettait et ce qu'on nous tient. Mais, s'il était possible d'approfondir ici davantage ce sujet, je ne bornerais pas au fer ma demande de réduction. Je la ferais pour tous les articles dont la taxe exerce une influence fâcheuse, directe ou indirecte, sur le développement du travail dans notre pays. Je la ferais pour toutes les matières premières sans distinction.

« A quel chiffre chacun de ces droits devrait- » il être abaissé, pour que nous soyons bien- » tôt admis à jouir du bienfait de l'égalité de- » vant la douane ? » Une fois d'accord sur les principes, cette question n'en serait plus une ; ce serait l'affaire d'un projet de loi, et vous n'attendez pas sans doute que je prenne un à un tous les articles du tarif pour vous proposer ma réduction sur chacun d'eux. Il me suffit de vous dire qu'il n'y a pas égalité devant la douane, lorsque les produits de certaines industries sont protégés et d'autres produits *écrasés* par elle ; lorsqu'un seul tarif assure le monopole à quelques citoyens et inflige la ruine ou l'impuissance à des milliers d'autres, comme le disait, en plein parlement d'Angleterre, sir Robert Peel, avant-hier encore.

Mais ce que je ne veux pas différer de vous signaler, ce sont les article *absurdes*, *odieux* ou *grotesques* qui figurent dans nos tarifs de douane.

La nomenclature entière en serait trop longue,
je me bornerai à quelques exemples. Commen·
çons par l'absurde : je choisirai au hasard par
ordre alphabétique. La douane taxe donc l'*amadou*, les *allumettes* chimiques ou non, les *abeilles*,
l'*ail*, les *ânes*, les *antiquités égyptiennes*, *grecques
ou romaines* (*sic*), les *arbres* en plants, les *balais*
de bouleau, de genêt et autres, les *bilboquets*, les
boues pour engrais, les *boyaux*, les *vessies*, la
charpie, les *cheveux*, la *choucroute*, les *pepins de
coing*, les *cornichons*, les *citrouilles*, et jusqu'aux
déchets de poils de porc, jusqu'aux *débris de mo-
mie!* Permettez-moi de m'arrêter à la lettre D.

Peut-être direz-vous comme Vespasien, à pro-
pos d'un certain impôt : l'argent qui en vient ne
sent pas mauvais. Je me hâte de vous répondre :
Il n'en vient pas d'argent. Comparez la taxe impo-
sée aux articles que je viens d'énumérer avec les
produits résultant du prélèvement de cette taxe,
et vous vous convaincrez que les frais de percep-
tion sont à peine couverts par les sommes per-
çues. Ces innombrables et ridicules droits n'ont
d'autre effet que d'assujettir le commerce, sans
profit pour l'État, à des démarches fatigantes,
coûteuses et *périlleuses*, car il suffit de l'oubli
d'une formalité pour être exposé au soupçon de
fraude et pour en subir les conséquences. Il faut
souvent payer 3 francs de frais pour déballage,
emballage, déchargement et rechargement d'une
marchandise qui payera 25 centimes. Ces misères

sont-elles dignes d'une grande nation et du temps où nous vivons ? Et n'ai-je pas raison d'appeler absurdes des taxes qui ne rapportent rien, qui ne protégent personne et qui *incommodent* tout le monde ? Qu'en pensez-vous ?

Passons maintenant aux taxes *odieuses*. Assurément, s'il est une classe de produits qui devrait être sacrée aux yeux du fisc, ce sont les substances médicinales. Eh bien ! toutes ces substances sont rudement taxées, et la taxe ne peut avoir d'autre résultat que de forcer les pauvres gens à se passer d'un produit rendu indispensable par la maladie ou de l'acheter sophistiqué. L'aloès, le castoréum, le ricin, le quinquina, le jus de réglisse, la manne, la *bourrache*, les sangsues, les *vipères* sont taxés ! Une vipère paye 2 sous, le suc de réglisse, ce sucre du pauvre, paye 40 francs par 100 kilogrammes. Pourquoi 2 sous ? pourquoi 40 francs ? Quelle est donc la pensée qui a dicté tous ces chiffres ? C'est là ce qui serait curieux à étudier, et c'est dans les *rapports* parlementaires contemporains de chaque aggravation de tarifs qu'il faut chercher l'explication de ce mystère. Étrange et singulier arsenal, je vous jure ! où peut-être il serait bon d'introduire le public, et je m'offre à lui servir de *cicerone*.

Il ne me resterait plus pour répondre à vos désirs, qu'une seule question à traiter ; mais elle exigera quelques développements. Aussi bien, cette lettre est-elle déjà fort longue, et il faut mé-

nager ses lecteurs. J'aime à croire que vous me
saurez gré de cette courtoisie et que vous aurez
quelque chose à me dire d'ici à quelques jours.
D'ici là, nos lecteurs se seront reposés, et je re-
prendrai avec vous le cours de ce voyage.

BLANQUI.

A M. BLANQUI.

IV.

Résumons le débat :
Que voulez-vous, finalement ?

I. Vous voulez qu'on supprime toutes les prohibitions ;

II. Vous voulez qu'on abaisse le droit sur toutes
les matières premières sans distinction, en attendant qu'on l'abolisse ;

III. Vous voulez qu'on efface de notre tarif de
douanes une multitude d'articles qui le surchargent ;

IV. Vous voulez enfin que toutes les fois que les
intérêts du consommateur sont en opposition avec
ceux du producteur, ce dernier soit sacrifié sans
hésiter et sans tenir compte de la situation nouvelle et difficile que ferait à l'ouvrier français, au
travailleur, l'adoption de vos idées ; en d'autres
termes, vous voulez, pour rappeler l'exemple cité

par vous, qu'on ne paye pas 6 francs à Paris un couteau que l'on pourrait avoir à Londres pour 3 francs.

Voilà ce que vous voulez.

Eh bien! je suppose vos idées pleinement admises, ainsi que vous annoncez qu'elles le seront avant dix ans; je suppose que, grâce à vos efforts et conformément à vos prédictions, ce règne de la liberté absolue des échanges et de l'égalité devant la douane, que vous appelez de toute l'impatience de vos vœux, se soit levé sur la France; que vois-je?

Je vois dans beaucoup de départements, sinon dans tous, le cultivateur qui n'est déjà que trop disposé à abandonner le pénible travail de la charrue et de la faucille; je vois le cultivateur, surchargé d'impôts, déserter les champs, les laisser en friche, et renoncer à la culture des céréales, parce que la France ne saurait les produire au même prix (1) que celui auquel peuvent être

(1) En Pologne, surtout en Russie, la terre appartient aux seigneurs, et elle est cultivée par des serfs ou par des corvéables. Généralement le boyard concède à chaque famille esclave une étendue de terre quelconque, et tout ce que le travail peut faire naître sur le sol concédé appartient au cultivateur; mais en retour le serf et sa famille sont obligés de fournir gratuitement au seigneur trois jours de travail ou de corvée par semaine. Ainsi donc le serf se nourrit et travaille gratis pour son maître; le seigneur n'a aucune espèce de frais à supporter; toute la récolte, après qu'on a prélevé la semence, forme pour lui un produit net.

importés les blés de la Méditerranée et de la mer Noire ;

Je vois les laines étrangères envahir nos marchés (1), et achever de porter le découragement au sein de nos populations rurales ;

Je vois de précieuses, d'abondantes richesses minéralogiques, qu'un régime éclairé de protection eût fait sortir du sol, condamnées pour longtemps à y demeurer enfouies ;

Les seigneurs possèdent des terres immenses, qu'ils ne font point cultiver parce qu'ils ne sauraient que faire des produits ; mais le jour où ils trouveront à vendre leur blé en Europe, ils se hâteront de faire labourer leurs steppes pour augmenter leurs revenus. Rien ne limite donc le prix du blé pour le boyard, qui n'a aucun frais de production à supporter, pas même l'impôt foncier ; ne le vendrait-il que un franc l'hectolitre, c'est pour lui un franc de bénéfice. A ces conditions, la concurrence n'est pas possible pour les cultivateurs anglais, pour les cultivateurs de l'Europe occidentale. A Odessa, on peut se procurer du blé à 5 fr. l'hectolitre. (*La Ligue et la Loi des céréales*, par M. Vidal.)

(1) L'industrie du bétail mérite plus que toute autre la protection du gouvernement ; car, en produisant 100 livres de viande, on produit en même temps 6 milliers de fumier ; en produisant 100 livres de laine, on produit 40 milliers de fumier ; et l'engrais, je le répète, est la matière première de l'agriculture, le sol n'en est que la machine : or, sans matière, la machine n'a point de valeur.

Qu'on laisse à l'amélioration de la culture le soin de baisser le prix des produits agricoles. Ce résultat ne peut tarder et s'opérera de cette manière à l'avantage de tous. Si, au contraire, on ouvrait la France aux produits animaux et notamment aux laines, ce serait rejeter dans un avenir éloigné et incertain le développement de l'agriculture et la prospérité qui doit en résulter pour le pays. (MOLL, professeur d'agriculture au Conservatoire des arts et métiers.)

Je vois d'importantes exploitations houillères, ayant absorbé déjà des sommes considérables, réduites à la nécessité de combler leurs galeries et de fermer leurs puits, ouverts à grands frais, par l'impossibilité de résister à l'invasion des houilles anglaises et belges;

Je vois de grands établissements métallurgiques, ne supportant déjà qu'avec une extrême difficulté les conditions de la concurrence intérieure, et ne se soutenant qu'à force de capitaux, renoncer à la lutte;

Je vois les produits des immenses manufactures de Liverpool, de Birmingham, de Manchester, mettre les produits de nos modestes fabriques à la porte de tous nos brillants magasins;

Je vois les tapis de Smyrne que vous vantez, couvrir les parquets de nos appartements, à l'exclusion des tapis de nos manufactures d'Aubusson, de Felletin, de Beauvais, d'Amiens, d'Abbeville, de Tourcoing, de Roubaix, de Bordeaux, de Nîmes, etc., qui n'auront plus qu'à congédier les nombreux ouvriers qu'elles font vivre;

Je vois une multitude d'industries, de fabriques et de fabricants, d'ateliers et d'ouvriers aux prises avec la perturbation, la ruine, la faillite, la misère, tenter en vain de résister et succomber;

Je vois, il est vrai, la consommation de divers produits se développer, s'accroître; mais je vois aussi le nombre des consommateurs se restreindre; car ceux que le régime prématuré de la liberté du commerce aura ruinés et contraints d'abandonner leur profession pour s'en créer une nouvelle, cesseront, au moins temporairement, de prendre la même part à la consommation.

Je sais ce que vous allez me répondre :

« Il y a des crises salutaires; de ce nombre sont celles produites par toute machine nouvelle qui simplifie le travail, par tout perfectionnement qui réduit les frais de main-d'œuvre; faudra-t-il donc proscrire les machines nouvelles et prohiber les perfectionnements, parce qu'ils auront pour effet de priver momentanément de travail (1) un certain nombre d'ouvriers?

» La liberté du commerce ne vit que d'échanges; comme l'industrie des transports, comme la navigation marchande n'existent qu'à la condition de se ménager des retours; si la France, au lieu de s'exténuer en efforts pour tirer le combustible et le fer de ses entrailles, suffire à sa consommation de laines, etc., achetait à l'étranger ce qu'elle ne réussit à produire que plus chèrement que lui, elle lui vendrait ses vins, ses étoffes de soie, ses articles-Paris, etc., qui faute de retours suffisants, ne trouvent que d'insuffisants débouchés;

---

(1) Si les machines ont l'avantage de produire beaucoup, vite, mieux et à bas prix, elles ont aussi le grave inconvénient de SUPPRIMER LE TRAVAIL et de réduire de temps en temps à une MISÈRE PROFONDE ceux qu'elles récompenseront plus tard, sans doute avec usure, mais peut-être TROP TARD. (BLANQUI, *Cours d'économie*, 1838 et 1839.)

» Il y aurait moins de cultivateurs peut-être;
il y aurait plus de vignerons ;

» Il y aurait moins d'ouvriers condamnés à
vivre au fond des mines ou à fabriquer la fonte
et le fer ; il y en aurait un plus grand nombre
occupés à façonner la soie, à confectionner les
objets de mode, de toilette, de goût et de nou-
veauté, pour lesquels le monde entier se reconnaît
tributaire de la France.

» Le même nombre de bras serait occupé. »

Je reprends et je dis :

Tout cela serait vrai, tout cela serait incontestable, qu'il resterait encore à examiner et à débattre la question de savoir si une grande nation
ne doit pas, *à tout prix*, commencer à s'assurer
par elle-même des moyens de subsistance et de défense entièrement indépendants de ses alliées et
de ses rivales, qui fassent qu'elle ne soit pas à la
merci d'une déclaration de guerre ou d'un chan-
gement de tarif.

S'il n'y avait plus désormais aucune guerre à
craindre, pour être conséquent, le même jour où
la liberté absolue des échanges serait proclamée,
il faudrait se hâter de combler nos fossés et de dé-
molir les forteresses, qui nous coûtent des frais
d'entretien considérables et occupent des terrains
précieux ; il faudrait réduire notre armée à ce
qu'elle est aux États-Unis, où l'effectif soldé ne
dépasse pas neuf mille hommes.

Or, quel serait le ministre assez sûr de l'avenir

pour oser prendre sur lui une telle responsabilité?
Vous-même, quelque absolues que paraissent vos
idées, vous ne l'oseriez pas.

Si restreint que puisse être le système protecteur, il y aura donc toujours et partout des objets
qu'il faudra protéger.

Seulement, ces objets ne seront pas partout les
mêmes, et la protection, sans cesser d'être efficace, devra constamment tendre à abaisser son
niveau. J'assimile la protection que la loi accorde
à certaines industries à la protection qu'elle accorde aux mineurs ; chaque pas que ces industries
font vers leur âge de majorité diminue leurs droits
à la protection légale. Mais l'expérience ayant fait
reconnaître que toute émancipation prématurée
est généralement fatale, l'expérience veut que
toute brusque émancipation soit écartée comme
un péril.

Quels sont les objets que la France, dans un
intérêt de conservation supérieur à tout autre intérêt, doit s'appliquer à produire, dût-elle leur
accorder une protection plus ou moins prolongée,
et dût cette protection s'opposer, plus longtemps
que vous ne le voudriez, au triomphe du principe
de la liberté absolue des échanges ?

Telle est pour moi la question qui domine tout
ce débat.

La France peut produire abondamment et facilement la houille, le fer, les céréales, la viande,

la laine, le chanvre nécessaires à sa consommation ; dès qu'elle le peut elle le doit.

La France possède 46 bassins houillers répartis
dans 34 départements. Plusieurs de ces bassins
sont d'une grande richesse. Le nombre des concessions qui est déjà de 300 tend constamment à
s'augmenter, tandis que le prix de la houille tend
constamment à s'abaisser. Si l'ensemble de nos
voies de communication et de transport, — routes
royales et départementales, canaux, chemins de
fer, — était ce qu'il devait être, nos houilles n'auraient déjà plus besoin de s'abriter derrière aucun
droit protecteur. Il en serait de même des fers.
Les minerais, vous le savez, se trouvent le plus
souvent à la surface de notre sol. La France a
donc sur l'Angleterre l'avantage des frais d'extrac-
tion, mais l'Angleterre a sur la France l'avantage
de l'économie du transport. En Angleterre, les
trois matières premières, au moyen desquelles on
obtient la fonte (houille, minerai, castine), se trouvent généralement *réunies* tandis qu'en France
elles sont généralement *séparées*. A peu d'exceptions près, nos minières de fer sont situées à
de grandes distances de nos bassins houillers ;
mais ce n'est là qu'un obstacle qu'il est possible
de vaincre et de faire disparaître, il n'y a qu'à
perfectionner et à compléter nos voies de communication et de transport. C'est toujours là mon
refrain ; et si vous prenez la peine de vous reporter
à mes premières lettres, vous y verrez que c'est

le point que je n'ai cessé de mettre en avant et
de signaler comme celui dont on devait, avant
tout, s'occuper. Je compare notre tarif des douanes à un écheveau de fil emmêlé. Plus impatient
que moi, vous voulez tout rompre; plus patient
que vous, je veux tout dénouer; et, pour cela, je
prends la peine de chercher l'un des deux bouts
du fil, certain que, dès que je l'aurai trouvé, ce
qui est emmêlé se démêlera presque de soi-même.
Or, pour moi, encore une fois, le bout de fil qui
doit tout dénouer sans rien rompre, c'est notre
réseau de voies de communication et de transport; c'est pour cela que, depuis dix ans, je ne
me lasse pas de demander qu'on réduise ce qu'a
d'excessif, d'insensé la dépense de notre armée,
et qu'on applique l'argent de toutes les réductions
qui peuvent être faites à mettre la France dans
une situation telle, qu'elle n'ait plus rien à envier
à aucune nation du monde quant à l'économie des
moyens de transport et à la facilité des moyens
de communication.

La France, à peu de choses près, produit les
céréales et les diverses substances alimentaires
nécessaires à sa consommation; mais, à quantité
égale de grains récoltés, la culture des céréales
occupe un nombre d'hectares et de bras beaucoup
plus considérable qu'en Angleterre, en Belgique
et dans tous les pays où la science des fourrages
et des engrais est sortie du domaine des théories
pour entrer dans celui de l'application. Or, la

question des fourrages et des engrais se lie étroitement à la question de l'industrie du bétail et
de la production de la laine. Ces deux questions
sont inséparables. Sachons tirer, ainsi que je l'ai
demandé, notre agriculture de la misérable condition à laquelle la condamnent l'abus du mor-
cellement du sol, l'absence d'institutions de crédit, le mauvais état des chemins vicinaux, le
défaut d'enseignement spécial, l'insuffisance d'encouragements, sachons utiliser toutes les eaux
qui se perdent, — l'art de l'irrigation, partout
où il est judicieusement pratiqué, accomplit de
véritables merveilles, — et la France, je l'affirme,
pourra facilement et promptement renoncer à
toute protection pour ses bestiaux, ses lins et ses
chanvres.

Je conviens avec vous que ce qui est constitue
un état de choses vicieux, anormal, artificiel ;
mais pour en sortir il ne faut pas en créer un
autre non moins vicieux, non moins anormal,
non moins artificiel et plus fâcheux ; or, c'est ce
qui arriverait si, pour se donner la satisfaction de
supprimer le *drawback*, qui n'est qu'une prime
exceptionnelle et peu importante, dont le but est
d'encourager l'exportation, mais dont le résultat,
je le reconnais, est de traiter les consommateurs
placés en dehors de nos frontières plus favora-
blement que nos contribuables, on mettait la
France dans cette situation fausse, absurde, ridicule, de l'empêcher de produire et de se four-

nir à elle-même ce qu'avec une meilleure assiette et un meilleur emploi de l'impôt elle pourra produire dès que nos ministres le voudront sérieusement, à des prix qui n'auront plus rien à redouter de la concurrence étrangère.

Ne soyons pas injustes, et ce serait l'être que de faire retomber sur la France tout le poids des fautes de ceux qui l'ont gouvernée, toute la responsabilité d'événements qu'il n'a peut-être pas dépendu de la sagesse humaine de détourner de sa tête.

Ainsi les décrets prohibitifs qui, sous le règne de l'empereur Napoléon, ont donné naissance parmi nous à une multitude de fabrications, ne jaillirent pas d'une pensée économique. Ils furent avant tout un instrument de guerre. S'ils enfantèrent des industries nouvelles, douées d'une force vitale plus ou moins grande, cet enfantement fut une de leurs conséquences, mais il ne fut pas leur but. Il n'est pas dans le monde entier un seul pays où le régime de douanes ait été construit tout d'une pièce. Ce qui fait la loi en ces matières, ce sont d'abord les nécessités politiques, ce sont ensuite les intérêts créés, qu'on ne se décide pas facilement à étouffer après leur avoir donné laborieusement le jour ! C'est là ce qu'il ne faut pas perdre de vue.

Que diriez-vous d'un éleveur qui, possédant d'admirables poulains, mais n'ayant pas la patience d'attendre qu'ils aient acquis l'entier développement de leurs facultés, les ferait hongrer ? Vous diriez certainement que c'est commettre plus qu'une barbarie, que c'est commettre une faute, et vous auriez raison. Eh bien! ce que vous blâmeriez, c'est ce que vous voudriez faire. Qu'est-ce que je vous demande ? — Je vous demande de modérer votre impatience, d'attendre que la France soit en possession de la plénitude de ses facultés, de ne pas faire d'elle un pays-hongre !

I. *Vous voulez qu'on supprime toutes les prohibitions;* on ne m'a jamais vu dans les rangs des ultras d'aucune sorte; vous ne me verrez donc pas prendre contre vous la défense ni des prohibitions, ni même de la protection exagérée. Ce que je me borne à appuyer, ce que je regarde comme une transition nécessaire entre les deux régimes absolus, c'est la *protection éclairée*, rien de plus. Que tous les objets prohibés, susceptibles d'être effacés du relevé ci-dessous (1), le

(1)

PROHIBITIONS.	Dates des lois qui les ont prononcées.
Mélasse étrangère.	8 floréal an XI.
Curcuma en poudre.	17 mai 1826.
Cristal de roche.	10 brumaire an V.
Fonte autre que celle dite *Mazée*.	21 décembre 1814.
Fer forgé en massiaux, acier, etc.	21 décembre 1814.
Fer et mitraille.	17 décembre 1814.
Produits chimiques (non dénommés) . . .	17 mai 1826.
Médicaments composés de quinquina. . .	17 mai 1826.
Id. non dénommés.	27 mars 1817.

soient, ce n'est pas moi qui m'y opposerai, seulement, je vous ferai remarquer que ce n'est pas « *au profit des particuliers* » que s'exerce la prohibition sur les cigares, les cartes à jouer, les armes de guerre, les projectiles et la poudre à tirer. « *Toutes les prohibitions* ne sont donc pas des impôts prélevés, non au profit de l'État, mais au profit des particuliers. »

II. *Vous voulez qu'on abaisse le droit sur toutes les matières premières en attendant qu'on l'abolisse;* si l'État parvient à trouver des économies qui lui permettent d'abaisser ou d'abolir le droit de 22 fr. par 100 kilogrammes dont il frappe *à son profit*

Savons.	11 juillet 1810.
Chicorée moulue.	7 juin 1820.
Cigares pour compte particulier..	7 juin 1820.
Sucre raffiné.	26 avril 1816.
Poteries en terre de pipe.	10 brumaire an V.
Verrerie et bouteilles vides.	Id.
Fils de coton autres qu'écrus n° 143.	22 décembre 1809.
Fils et tissus de laine et de poils.	10 brumaire an V.
Tissus de soie mêlés d'or ou d'argent faux.	15 mars 1791. / 7 juin 1820.
Livres (contrefaçons).	27 mars 1817.
Cartes à jouer.	15 mars 1791.
Coutellerie.	10 brumaire an V.
Armes de guerre.	24 juillet 1816.
Poudre à tirer et projectiles.	13 fructidor an V. / 21 avril 1818.
Capsules de poudre fulminante.	13 fructidor an V. / 2 décembre 1843.
Ouvrages en cuivre, en étain et en zinc.	10 brumaire an V.
Tabletterie.	10 brumaire an V.

les cotons en laine, ce sera un véritable service qu'il rendra aux consommateurs et à toutes les industries que le coton alimente; je n'ai, à cet égard, rien à ajouter à ce qui se trouve dans ma dernière lettre, où je crois m'être expliqué catégoriquement. Il est une multitude de droits moins importants, tels que ceux qui élèvent le prix de l'indigo, de la cochenille, des bois de teinture, des bois de buis qu'emploient en grande quantité les filatures de lin, etc., etc., qu'il serait possible d'abaisser ou d'abolir, sans porter aucune atteinte au système de la *protection éclairée* que je défends ici; toute réduction de ces droits me trouvera toujours prêt à l'appuyer; car, pas plus en fait de réformes douanières et fiscales qu'en fait de réformes administratives et politiques, je ne suis partisan de l'immobilité, toujours si voisine de l'excès contraire. Ce que je veux et ce que je ne veux pas, je l'ai également dit : — je veux que la liberté commerciale soit une réforme et un progrès; ce que je ne veux pas, c'est qu'elle soit une révolution et une ruine; ce qu'elle serait infailliblement si elle était prématurée, si, ne mettant que l'avenir dans ses balances, elle n'y mettait pas aussi le passé pour y faire contre-poids.

Ce que je ne veux pas, c'est que la France s'expose témérairement, inconsidérément, au même sort que ces innombrables entreprises de messageries que nous avons vues ne réussir jamais à se

former que pour succomber peu de temps après
sous les coups d'une lutte inégale et d'un abaissement systématique et temporaire de prix habilement calculé, auxquels il est facile de prévoir
qu'elles ne pourraient pas résister; ce que je ne
veux pas enfin, c'est que l'Angleterre, jouant
vis-à-vis de la France le même jeu que les *Messageries royales et générales* contre des rivalités
impuissantes, ne se serve de la concurrence que
pour mieux affermir son monopole.

III. *Vous voulez qu'on efface de notre tarif de
douanes une multitude d'articles qui le surchargent;*
je suis à cet égard parfaitement de votre avis.
Les dix-neuf vingtièmes du revenu des douanes,
ainsi qu'on l'a déjà fait remarquer, sont dus à
un nombre d'articles extrêmement restreint, tandis que les articles qui ne rendent qu'un produit
insignifiant sont au contraire en très-grand nombre. Ainsi, pendant l'exercice 1844, le total général des droits perçus à l'importation a été de
152,114,261 fr.; sur cette somme, 61 articles
ont donné 147,215,375 fr., soit 96,78 pour cent
de la totalité des recettes. Mais on compte 167
articles qui rapportent chacun moins de 1,000 fr.
(dont 55 au-dessous de 100 fr.), et qui n'ont
produit ensemble que 51,308 fr., soit la deux
mille neuf cent soixante-cinquième partie de la
recette totale des importations. La moyenne est
de 2,413,367 fr. pour les articles de la première

catégorie; elle est de 307 fr. pour ceux de la seconde (1).

(1)

Liste des articles les plus productifs, avec l'indication de leurs produits.

Chevaux, juments, poulains..	718,197 fr.
Béliers, brebis, moutons, agneaux.	848,226
Bœufs.	259,833
Taureaux, génisses, veaux, taurillons. . .	178,922
Vaches.	683,921
Porcs et cochons de lait..	196,730
Peaux brutes.	639,478
Laines.	10,809,756
Graisses..	1,629,476
Fromages.	702,585
Froment (grains et farines).	9,508,437
Riz en grains.	473,122
Citrons, oranges et variétés..	1,002,514
Fruits de table secs ou tapés autres que pistaches.	774,265
Fruits et graines oléagineux..	4,486,384
Sucre brut, blanc ou terré, colonial ou étranger.	48,925,074
Cacao.	1,079,134
Café.	14,750,771
Poivre.	977,156
Thé.	221,612
Tabacs.	185,084
Gommes.	212,983
Sucs d'espèces particulières.	288,345
Huiles fixes — d'olive.	7,988,299
Huiles fixes — de palme, coco, graines grasses et autres	92,689
Bois de construction.	465,282
Liége.	45,403
Feuillard et merrain.	75,920
Bois de teinture.	302,456

Tout ce qui aura pour effet de simplifier notre
tarif et d'enlever aux adversaires de la *protection*

Bois d'ébénisterie		619,647
Chanvre peigné, teillé et étoupes		736,131
Lin peigné, teillé et étoupes, tiges		522,579
Coton en laine		12,678,830
Houblon		380,119
Marbres		375,600
Soufres		382,747
Houille et coke		3,884,910
Fontes		2,995,060
Fer et tôles		1,460,982
Aciers		561,977
Cuivre pur et laiton, cuivre doré		235,689
Plomb métallique et minerai		1,157,658
Alcalis {	potasses	686,256
	soudes	19,327
Nitrates {	de potasse	324,380
	de soude	453,830
Cochenille		160,734
Indigo		749,068
Vins de liqueur		299,483
Eaux-de-vie		168,221
Fils de lin et de chanvre		4,072,864
Fils de coton		522,133
Toiles de lin ou de chanvre, unie ou croi-sée, écrue ou blanche		2,431,751
Dentelles de fil		156,769
Foulards		487,781
Chapeaux de paille et en fibres de palmier		276,176
Faux et faucilles		269,891
Limes et râpes		299,817
Machines et mécaniques		634,015
Horlogerie		447,283
Mercerie		180,962
	Total	147,215,375 fr.

éclairée les armes qu'il a le tort de lui fournir contre elle, a d'avance mon assentiment; c'est

Liste des articles rendant chacun moins de 1,000 francs.

Anes et ânesses. — Chevreaux. — Chiens de chasse. — Cheveux. — OEufs de vers à soie. — Présure. — Nerfs de bœufs et autres animaux. — Boyaux frais ou salés. — Homards. — Perles fines. — Vessies natatoires de poissons. — Castoréum. — Cornes de cerf et de snack. — Râpures de cornes de cerf. — Sarrasin (grains et farine). — Gruaux et fécules. — Semoule. — Salep. — Carrobe ou carouge. — Cornichons et concombres. — Câpres. — Fruits de table confits à l'eau-de-vie. — Cassia lignea. — Baume de storax. — Glu. — Casse sans apprêt. — Tamarins confits. — Myrobolans confits. — Fagots à brûler. — Manches de fouine et de pinceaux. — Perches. — Échalas. — Osier en bottes. — Tiges de millet. — Presle. — Écorces de tilleuls pour cordages. — Chanvre en tiges brutes. — Écorces de lin moulues. — Écorces de sapin à tan. — Écorces de grenade, aune, bourdaine. — Pastel. — Gousses de bablah. — Légumes salés ou confits. — Agaric de mélèze. — Amadouvier brut. — Champignons, morilles, etc. — Truffes. — Chardons cardières. — Plantes alcalines. — Drilles et chiffons. — Tourbes. — Mottes à brûler. — Levûre de bière. — Meules à moudre. — Chaux éteinte. — Sable commun pour bâtisse. — Castine. — Pierres à feu. — Bol d'Arménie et terre de Lemnos. — Alana ou tripoli. — Craie. — Marne. — Cendres de houille. — Succin. — Bitume pur de Judée. — Goudron provenant de la distillation des houilles. — Cendres d'orfévre. — Limailles de fer. — Mâchefer. — Minerai de cuivre. — Limailles de cuivre. — Cuivre allié d'étain. — Bismuth. — Antimoine sulfuré. — Cobalt (métal, minerai, grillé). — Nickel métallique. — Sable aurifère. — Acide benzoïque. — Acide borique. — Cendres de bois. — Sel marin. — Sulfate de soude. — Alun calciné. — Sulfate de fer. — Sulfate de cuivre. — Sulfate de zinc. — Tartrates de soude et de potasse. — Acétate de fer. — Carbonate de baryte natif. — Chromates de plomb. — Oxyde de zinc. — Kermès. — Sucs tanins. — Carmin. — Encre à dessiner. — Vert de montagne. — Noir à souliers. — Écailles d'ablettes. — Eaux de senteur sans assez vous dire que je n'accepte nullement la position que vous me faites, lorsque vous me supposez prêt à prendre parti pour ces taxes sur l'*amadou*, les *allumettes*, les *abeilles*, l'*ail*, les *ânes*, les *antiquités égyptiennes*, *grecques* ou *romaines*, les *arbres*, les *balais*, les *bilboquets*, les *boues*, les *boyaux*, les *vessies*, la *charpie*, les *cheveux*, la *chou-*

alcool. — Vinaigres parfumés. — Pâtes parfumées. — Poudre de senteur. — Pastilles odorantes à brûler. — Eaux distillées. — Médicaments divers. — Amidon. — Cire. — Praiss (sauce de tabac). — Bougies de blanc de baleine. — Chandelles. — Vinaigres. — Cidre. — Pommes et poires écrasées. — Jus d'orange. — Verres à lunettes bruts. — Vitrifications en masses. — Croisil ou verres cassés. — Batiste et linon. — Bonneterie de lin ou chanvre. — Tissus épais en lin ou chanvre pour tapis de pied. — Gaze de soie pure. — Crêpe. — Tissus en fibre de palmier. — Chapeaux de feutre. — Papiers peints pour tentures. — Almanachs étrangers. — Livres en langue française (mémoires scientifiques). — Livres imprimés en France et réimportés. — Peaux préparées pour ganterie. — Peaux tannées pour semelles. — Parchemin et vélin. — Ouvrages en fer-blanc et en cuivre. — Ouvrages en plomb. — Caractères d'imprimerie. — Tabletterie. — Parapluies et parasols. — Fanons de baleine. — Boîtes de bois blanc. — Moules de boutons. — Instruments de chimie et de chirurgie. — Monnaies d'or. — Platine. — Monnaies de cuivre pur. — Macis. — Spath. — Jais. — Acide stéarique. — Acide tartarique. — Sulfate de potasse. — Sulfate de magnésie. — Noir d'imprimerie. — Noir animal. — Prussiate de potasse. — Carbonate de potasse. — Borax raffiné. — Cendres de couleur. — Cire jaune ou blanche. — Cire à cacheter. — Outres vides. — Toile unie imprimée. — Toile à matelas. — Toile cirée. — Toile peinte. — Passementerie. — Cylindres, planches et coins gravés. — Billes de billards. — Peignes. — Cheveux ouvrés. — Modes. — Fleurs artificielles. — Ouvrages en caoutchouc. — Habillements neufs autres que ceux à l'usage des voyageurs.

croule, les *pepins de coings*, les *débris de momies*, etc., etc., que vous avez raison d'appeler des taxes *grotesques*, ou pour celles sur l'*aloès*, le *ricin*, le *quinquina*, le *jus de réglisse*, la *manne*, la *bourrache*, les *sangsues*, les *vipères*, etc., etc., auxquelles vous donnez non moins justement le nom de taxes *odieuses!* Je vous abandonne volontiers toutes ces taxes pour en faire ce que bon vous semblera. La cause que je défends n'aura qu'à gagner à cet abandon. Est-ce qu'un bon capitaine hésite jamais à jeter à la mer tous les objets de peu de valeur, dès qu'il s'aperçoit qu'ils encombrent son navire et en gênent les manœuvres? C'est toujours le premier ordre qu'il donne. Mais, avouez-le, ce n'est pas pour protéger des similaires indigènes qu'une taxe est prélevée sur les *débris de momies!* Les *antiquités égyptiennes*, *grecques* ou *romaines*, reconnaissez-le, ne font pas concurrence aux nôtres; quant à moi, je ne connais pas de *choucroute nationale* qui ait jamais réclamé la sollicitude du gouvernement. Ne nous arrêtons donc pas plus longtemps à des détails qui ne sont dignes ni de vous, ni de moi, et qui n'auraient pas dû prendre place dans une controverse sérieuse.

IV. *Vous voulez enfin que toutes les fois que les intérêts du consommateur sont en opposition avec ceux du producteur, ce dernier soit sacrifié sans hésiter et sans tenir compte de la situation nouvelle et difficile que ferait à l'ouvrier français l'adoption*

*de vos idées; en d'autres termes, vous voulez
qu'on ne paye pas 6 fr. à Paris un couteau que
l'on pourrait avoir à Londres pour 3 fr.;* le consommateur est-il donc tout, le producteur n'est-il
donc rien? Pourquoi vouloir en faire deux anta-
gonistes? Le plus souvent le producteur et le consommateur ne sont-ils pas deux contribuables en
une seule et même personne? En beaucoup de cas,
favoriser l'un, n'est-ce pas aussi favoriser l'autre?
La très-grande majorité des consommateurs ne se
compose-t-elle pas de travailleurs? Que ferez-vous
de tous les fabricants ruinés, de tous les ouvriers
sans ouvrage; les contraindrez-vous tous à cultiver la vigne et à façonner la soie, par application
de ce principe qu'un pays ne doit s'adonner à
produire que ce qu'il peut produire mieux que
les autres, et s'abstenir des « *fabrications artifi-*
» *cielles et onéreuses,* » appelées ainsi par vous,
parce qu'elles ne sauraient prospérer qu'à l'abri
des tarifs? Cette théorie a d'abord un grand défaut : c'est d'être toujours restée malgré son âge
respectable à l'état primitif de théorie. Quel est le
grand peuple qui n'ait pas cherché à s'approprier
les fabrications importantes dont la base est le coton, la laine, le lin, le chanvre, le fer, l'acier, etc.?
Le zollverein fait-il donc une chose contraire à
son avenir comme puissance politique et commerciale, en naturalisant, à l'aide des tarifs, ces
grandes fabrications sur son sol, au lieu de se ré-
signer à n'être jamais, passez-moi le mot, qu'une

des *pratiques* de l'Angleterre? Avec l'accroisse-
ment incessant de population qui se manifeste
presque partout, serait-il prudent de ne pas son-
ger à étendre, à multiplier les ramifications du
travail? Sans doute, si la France fermait toutes
ses usines à fer, toutes ses manufactures de coton,
toutes ses fabriques de drap et de toile; si elle
renonçait à l'exercice de toutes ces industries « ar-
» *tificielles et onéreuses* » pour se livrer exclusivement au commerce des vins et des soieries, la
question des douanes et des tarifs serait facilement tranchée, mais qu'arriverait-il? La France
aurait l'honneur de marcher, dans le monde, l'é-
gale du Portugal ou de la Turquie, car j'avais
tort de prétendre tout à l'heure qu'aucun pays
n'avait essayé de mettre en pratique la théorie
que je combats. Le Portugal est un de ses secta-
teurs, je veux dire une de ses victimes. Autrefois,
quand l'Angleterre était très-peu de chose encore,
il était riche et puissant, il avait des industries
prospères, il aurait pu habiller les Anglais pour
toutes les saisons. On lui a persuadé que tout ce
travail-là était *artificiel* et *onéreux*, qu'il valait
mieux s'en tenir à récolter ses vins du Douro; et
que, quant aux autres produits, il les recevrait
à bon marché du dehors. Vous savez le reste. Depuis 1703, c'est l'Angleterre qui approvisionne le
Portugal en objets manufacturés, et qui lui prend
en échange ses vins du Douro. Trouvez-vous que
le Portugal ait beaucoup gagné à ce régime?

Il y a des choses qu'il faut savoir accepter. Vous ne ferez pas comprendre à un grand pays qui a des bras, des capitaux, de l'activité, du génie, que parce que quelques-uns de ses voisins ont réussi avant lui à produire de merveilleux résultats en industrie, il n'a rien de mieux à faire que de baisser pavillon devant eux, de subir à toujours leur supériorité, de prendre rang parmi leurs clients.

Le succès même de ses voisins, le spectacle de la grandeur qu'ils ont acquise par le développement du travail industriel dans toutes ses variétés, est pour lui une tentation permanente qui l'excite à s'assurer les mêmes avantages par les mêmes procédés. Il n'y parvient pas sans doute du premier coup ; il tâtonne longtemps, longtemps il a besoin d'appui. Mais enfin il marche ; chaque année voit réaliser des progrès, et si ses gouvernants ne compromettent pas le succès de ses efforts par des mesures prématurées, par d'inconséquentes dérogations au système d'encouragement sur la foi duquel il n'a épargné aucun sacrifice, il touchera au but, à son tour, et le jour viendra où ses ministres pourront faire impunément ce que sir Robert Peel fait aujourd'hui en Angleterre.

Ceci n'est pas de la théorie, c'est de la pratique. Je prends la France au point où elle en est, telle que l'a faite notre législation économique depuis trente ans. Je raisonne sur des faits, non sur des abstractions. Ces faits, je m'attache à les bien connaître, avant d'en tirer une conclusion. Vous me permettrez donc de ne pas abandonner à première sommation ceux que j'énonce à l'appui de mes raisonnements. Vous contestez, par exemple, ce que j'ai dit des locomotives ; vous refusez de croire qu'elles soient aussi bien construites et qu'elles ne soient pas plus chères en France qu'en Angleterre. Rien n'est plus exact cependant. Une locomotive, en France, coûte aujourd'hui de 45 à 48,000 francs. Je suis en mesure de vous citer des marchés qui viennent d'être passés sur ce pied, par diverses compagnies, avec nos principales usines. En Angleterre, les mêmes machines coûtent en ce moment 2,000 liv. sterling (50,000 francs), et elles ne sont pas meilleures. Je ne répéterais pas cette dernière assertion, si je n'avais pour garant de mon opinion personnelle l'avis d'hommes très-compétents, et si une expérience suffisante, sur plusieurs de nos grandes lignes, n'avait démontré déjà que, sous le rapport de la fabrication, nos machines pouvaient supporter, sans désavantage, la comparaison des machines anglaises. S'il en est ainsi, dites-vous, renoncez donc alors à vous abriter derrière une protection devenue inutile. A mon tour, je vous dis : A quoi bon insister sur une suppression de droit devenue sans objet? Qu'y gagnera le consommateur? Aucune raison tirée de l'intérêt général ne commande cette suppression. Maintenant j'ajoute qu'elle pourrait avoir plus tard de graves inconvénients. En effet, le jour où la fièvre des chemins de fer sera un peu calmée de l'autre côté du détroit, ces nombreux ateliers créés pour fabriquer des machines, manquant désormais de l'aliment qu'ils trouvent aujourd'hui dans la création simultanée d'une multitude de lignes, verront revenir ces époques de crise qui suivent d'ordinaire une surexcitation désordonnée de la production. Alors il faudra vendre à tout prix; alors on se jettera sur les marchés du dehors, et l'on y portera, si aucun obstacle n'est élevé à la frontière, la contagion du mal dont on souffrira soi-même. Alors, la crise nous serait inoculée, la perturbation envahirait nos propres usines, une lutte désespérée s'engagerait, et ces luttes, en général, ne profitent à personne. Pourquoi, puisque rien ne nous y oblige, ouvrir une porte plus grande à cette éventualité?

Vous insistez sur la question des capitaux. Vous reconnaissez qu'ils se précipitent vers les affaires de chemins de fer plutôt que vers les entreprises commerciales; mais la raison en est, selon vous, que *« le régime protecteur ne leur assure aucun » emploi avantageux. »* Je suis d'un avis tout opposé. Je crois que, sans le régime protecteur, les capitaux se porteraient bien moins encore vers l'industrie, par la raison fort simple que ces capitaux sont de leur nature timides et répugnent à toute destination qui ne présente ni avenir, ni sécurité. Quelles sont les industries où les millions

aient été versés par centaines? Celles-là précisément qui ont été le plus favorisées par le régime
protecteur. Quelle est au contraire l'industrie qui
a le plus de peine à trouver des capitaux? La marine. Et cela n'a rien d'étonnant; car la marine a
été dépouillée la première de la protection qui lui
était indispensable pour lutter contre des forces
supérieures. Vous pensez que les traités de 1822
et de 1826 ne sont pour rien absolument dans la
décadence de notre marine; vous pensez que, ces
traités n'eussent-ils jamais existé, la marine française n'en eût pas prospéré davantage, *parce
qu'elle est trop chère*, ajoutez-vous. Prenez garde
que vous résolvez la question par la question.
Elle est trop chère sans doute! Mais pourquoi est-
elle trop chère? Précisément parce que livrée trop
tôt à la concurrence des deux marines les plus avancées du monde, elle a dû perdre presque tous les
transports qui s'effectuent d'Angleterre et d'Amérique dans nos ports. Tous les objets d'encom-
brement lui ont échappé; elle a manqué de cargaisons de retour, et dès lors son fret, pesant
tout entier sur la moitié de ce qui constitue une
opération maritime, a été plus lourd pour le
commerce, sans lui procurer à elle-même un
véritable bénéfice. C'est ainsi qu'elle a été délais-
sée. Si les droits différentiels que les traités de
1822 et de 1826 ont supprimés avaient été maintenus, elle aurait eu sa part dans le transit des
cotons américains et des charbons anglais, elle

aurait eu des *retours ;* son fret, réparti sur deux cargaisons, aurait été moins élevé pour chacune d'elles, et la cherté relative qu'on lui reproche n'existerait pas. Vous faites trop bon marché des droits différentiels : souvenez-vous donc que, par son acte de navigation, l'Angleterre a arraché à la Hollande le sceptre souverain des mers !

Vous persistez à répéter que les prohibitions qui protégent les manufactures d'étoffes de laine et de coton constituent des impôts prélevés sur les citoyens pour enrichir les manufacturiers. En fait, l'assertion manque d'exactitude; car ce sont précisément les industries couvertes par la prohibition qui ont réalisé les plus rapides progrès, qui ont le plus abaissé leurs prix. La différence qui subsiste encore entre ces prix et ceux des industries analogues dans d'autres pays tient à des circonstances que j'ai déjà signalées. Vous voulez que nos industries aillent de pair avec celles des autres pays? Placez-les dans des conditions analogues, autrement vous ne sèmerez que la perturbation et ne recueillerez que la ruine.

Pour rassurer sur les conséquences d'un remaniement de nos tarifs tels que vous le souhaiteriez, vous citez la « fabrique de sucre de betteraves de » M. Crespel, qui végétait quand le sucre se ven- » dait 6 fr. la livre sous le blocus continental, et » qui prospère aujourd'hui que le sucre vaut dix- » huit sous et que tout le monde en fait. » — Cet exemple sert ma thèse bien mieux que la vôtre, et je m'en empare. Si le sucre de betteraves, en effet, est tombé de 6 fr. la livre à 90 centimes, c'est grâce à la protection absolue dont il a joui. Pendant longues années, M. Crespel et ses confrères en betterave ont été protégés, non-seulement contre le sucre étranger, mais, ce qui était beaucoup moins justifiable, contre le *sucre français* de nos colonies. A l'heure qu'il est, ils sont encore protégés contre le sucre national de nos départements d'outre-mer, quoique dans une mesure moindre qu'il y a quelques années; et, quant au sucre étranger, une surtaxe prohibitive les en débarrasse aujourd'hui comme autrefois. Le sucre de betteraves a été, chez nous, l'enfant gâté du système protecteur. Comment donc venez-vous vous prévaloir de ces progrès? Cet exemple est le dernier que vous deviez choisir; votre pénurie d'argumnts est-elle donc si grande que vous n'en eussiez aucun autre à m'opposer?

Du sucre vous passez au fer, et vous écrivez : « Si M. Darblay voulait me prêter son concours » pour un moment, n'aurait-il rien à me dire, lui, » de ce magnifique impôt payé par l'agriculture » à la métallurgie depuis trente ans? » M. Darblay, que vous interrogez, vous répond : « Depuis l'en- » quête faite en 1829 par M. de Saint-Cricq pour » déterminer l'influence du prix du fer sur la » production du blé, le prix du fer a diminué de » 40 pour 0/0; le prix du blé n'a pas changé. » Trouvez-vous cette réponse assez péremptoire pour me dispenser d'insister et me permettre de terminer là cette lettre déjà si longue?

J'ai rappelé, en constatant nos dissentiments, tout ce que vous vouliez ; il ne me reste plus, avant de clore ce débat qui perdrait de son intérêt, s'il se prolongeait indéfiniment, qu'à résumer ce que je veux d'accord avec vous, sauf restrictions.

Je veux :

La levée des prohibitions ;

La suppression de cette multitude d'articles qui surchargent notre tarif de douanes, le font paraître ridicule, et ne produisent rien ou presque rien au trésor ;

La modération des droits, mais par voie d'abaissement périodique, de cinq en cinq ans, dans la porportion d'un cinquième ou d'un dixième, jusqu'à ce que ces droits ne soient plus qu'un droit de balance, afin d'écarter toute appréciation de fait plus ou moins arbitraire, et de donner à ceux des producteurs qui se seront distingués par de grands efforts et de nouveaux sacrifices le temps et la certitude d'en recueillir les fruits ;

Je veux enfin la liberté du commerce, mais sans m'en exagérer les avantages, et à la condition qu'elle aura pour préface la *protection éclairée*.

Accordez-moi la préface, et tout sera dit.

Émile de Girardin.

A M. ÉMILE DE GIRARDIN.

IV.

Je serais bien difficile, si je ne me tenais pas pour satisfait de votre dernière lettre. Vos conclusions, en effet, diffèrent fort peu des miennes, quoique vous partiez de principes bien opposés. Vous ne voulez plus de prohibitions, ni moi non plus; vous m'accordez la suppression de cette multitude d'articles qui déshonorent nos tarifs et que je vous ai signalés; vous voulez la modération des droits, mais par voie d'abaissement périodique, de cinq en cinq ans, jusqu'à ce que ces droits ne soient plus que des droits de balance. Vous voulez donc ce que je veux, sauf la *préface*, que malheureusement je ne puis pas vous accorder, car la préface de mon système, c'est sa base, ce sont les principes que j'ai défendus toute ma vie, et je ne les abandonnerais pas même en échange de leur triomphe.

Ce triomphe ne se ferait pas attendre dix ans si tous nos adversaires étaient éclairés et désintéressés dans la question comme vous l'êtes. Permettez-moi donc de vous rassurer sur les conséquences probables de l'avénement, plus prochain que vous ne le croyez, de la liberté commerciale. Non, l'agriculteur n'abandonnerait pas la charrue, et les blés de la mer Noire ne viendraient pas ruiner ceux de la Beauce; car *les blés sont très-encombrants*, et les frais de transport ne permettraient pas plus d'en faire venir d'Odessa à Chartres qu'ils ne permettent aux Beaucerons d'en envoyer à Marseille; non, les laines étrangères n'*envahiraient pas nos marchés et ne porteraient pas le découragement au sein de nos populations rurales*, parce que nos populations rurales ne produisent pas de laines électorales et ne suffisent pas aux besoins de nos manufactures (demandez-le à Sedan, à Elbeuf ou à Louviers); non, les usines métallurgiques étrangères ne diminueraient pas les nôtres, car la demande de leurs produits s'accroît tous les jours avec la prospérité générale; non, les manufactures de Birmingham et de Manchester n'inquiéteraient pas celles de Mulhouse et de Rouen, si nous leur donnions, avec la liberté du commerce, le fer et la houille au plus bas prix possible; non, enfin, les tapis d'Aubusson, parce que mon ami Sallandrouze et ses confrères de la Creuse, de Tourcoing et de Nîmes, sont d'habiles artistes qui ont fait leurs preuves et qui n'ont rien à redouter de personne.

Savez-vous ce qui arriverait réellement si nous

avions *demain* la liberté du commerce? Oui, sans doute nous verrions à Paris quelques-uns de ces tapis veloutés de Smyrne que j'ai contemplés en Orient avec des yeux d'envie. Mais l'Orient ne fait pas de moquettes pareilles aux nôtres, et il n'entend rien aux tapis ras. Nous lui porterions des tapis ras qui sont plus frais et qui conviennent mieux à son climat, et nous rapporterions en échange quelques milliers de tapis grossiers, mais chauds et solides qu'Aubússon n'ose fabriquer, à cause du droit absurde de 22 0/0 sur les laines. Nous aurions du fer de Suède pour *faire aller* notre coutellerie et notre taillanderie de pair avec celle d'Angleterre et de l'Allemagne, et nous vendrions à ces braves Suédois, qui boivent de la bière, un peu plus de vin de Bordeaux et même de Cette. Vous auriez des cristaux de Bohême, et les dames bohémiennes auraient des articles de Paris. Tous le monde aurait part à la fête, car nos importations ne sauraient s'accroître sans un mouvement correspondant dans nos exportations. Nous ne pourrions continuer d'acheter sans continuer de vendre, à moins que l'étranger ne nous fît le présent gratuit de ses divers produits, que je serais tout prêt à accepter sans pudeur, si jamais l'envie lui prenait de nous les offrir.

Vous avez bien raison de dire que nos lois de douanes sont filles de *l'erreur* des divers gouvernements qui ont régi la France et dont le poids retombe sur nous. Oui, nos lois de douanes, filles de la guerre, sont des anachronismes en temps de paix. Nous sommes toujours sous l'influence du blocus continental, dont l'empereur s'est servi comme de la poudre, pour se défendre. Et encore, combien d'articles du tarif impérial ont été aggravés sous la restauration! Je ne vous en citerai qu'un pour ne pas rentrer dans le domaine des chiffres, le tarif des bestiaux. Il n'y avait qu'un droit de 5 fr. par tête sur le bœuf, sous l'empire, et il y en a un de 55 fr. aujourd'hui, plus que décuple! Si nous faisions cette histoire, ensemble, que de choses curieuses j'aurais à vous dire! Vous sauriez comment on est arrivé à mettre des taxes de 400 fr. sur les pianos longs de mille francs; des droits de 300 fr. sur des pianos carrés de cent écus; comme si Érard, troisième du nom, qui vend des pianos au genre humain, avait besoin d'une protection aussi monstrueuse, pour être le premier fabricant du monde!

J'espère, toutefois, que cette histoire des tarifs se fera bientôt. Vous verrez alors si elle peut supporter le jour, et s'il est possible de maintenir intact un état de choses aussi profondément en désaccord avec les besoins nouveaux de l'agriculture, de l'industrie, du commerce et de la *politique*. Vous verrez si ce ne sont pas les *producteurs* eux-mêmes qui souffrent de la protection, et si, loin de les sacrifier, la liberté commerciale ne deviendra pas pour eux surtout le plus grand des bienfaits. Vous comprendrez que la prohibition est un impôt qui s'exerce au profit de certains particuliers, en dépit des exemples que vous citez, où elle ne s'exerce qu'au profit de l'État. Et à ce sujet, je ne veux pas vous laisser ignorer que je ne partage pas toutes vos opinions au sujet des impôts. Je trouve que l'impôt est une bonne chose, quand on en fait un usage utile, et je le trouve particulièrement excellent quand il s'exerce sur des matières telles que le tabac, les cartes à jouer, les armes de guerre et la poudre à canon. Je ne le trouverais pas mauvais sur les sucres, s'il était plus modéré et s'il les atteignait tous *également*, qu'elles que fussent leurs provenances, ni sur les vins, s'il était moins abusif. Je le supprimerais sur les sels.

Cette question des impôts viendra bientôt aussi, et si nous avions à la discuter entre nous, je craindrais de n'être pas toujours de votre avis. Vous voulez réduire, vous, ceux qu'on paye à l'État; moi, je voudrais supprimer ceux qu'on paye à certains particuliers. Je ne trouve jamais l'État trop riche; je trouve les monopoleurs toujours trop payés, surtout quand c'est nous qui les payons. Je prends ma part de tous les bienfaits que l'État peut prodiguer aux citoyens, quand il est bien gouverné; de sa gloire, quand il en a; de sa puissance, quand il est puissant. Mais des profits du monopole, que nous revient-il? Rien, si ce n'est des vexations à la frontière, des privations au foyer domestique. Vous avez, comme moi, beaucoup voyagé : ne vous souvient-il plus de ces visites minutieuses, de vos valises ouvertes, de vos colis enfoncés à coups de marteau, de ces grossières mains chiffonnant des tissus délicats, de ces objets d'art mutilés par des vandales, et de cette pénible appréhension qui règne au cœur du plus innocent voyageur, quand il approche des bureaux de la frontière? Ne vous a-t-il pas semblé, comme à moi, que tout arrivant était traité comme suspect, quand il ne l'était pas comme ennemi? Tout à l'heure vous parliez de *protection*. Hélas! qui nous protégera contre elle? quand, au nom des intérêts privés que vous défendez, croyant défendre l'intérêt général, elle nous fait subir des avanies sauvages, pénètre dans les replis les plus secrets de notre vie intime, compte nos chemises et nos mouchoirs de poche, et saisit le moindre objet de curiosité que nous rapportons à nos enfants!

Que cette inquisition s'exerce parfois et *sur des marchandises* au profit de l'État, s'il n'y a pas moyen de faire autrement, je m'y résigne, comme à livrer mon fils à M. le ministre de la guerre et ma personne à mon sergent-major dans la garde nationale, si l'intérêt de l'État l'exige. Mais je ne veux pas payer la taxe à MM. de Fourchambault ou d'Imphy, à MM. les éleveurs de bœufs du Calvados ou du Morvan, à MM. de Mulhouse ou de Saint-Quentin, ni souffrir que l'on me confisque un canif ou un fichu venant de Londres ou de

Suisse, afin de me forcer à me pourvoir chez les hauts et puissants seigneurs du fer et du coton. La France se lassera de tant d'impertinences, quand elle verra bien clairement au profit de qui on nous les fait subir. Et que me font à moi les libertés politiques en vertu desquelles j'ai le droit de voter quelquefois pour un sot, qui paye 500 fr. de contributions directes, quand je n'ai pas la liberté de rapporter de Bruxelles un mètre de dentelles pour la femme que j'aime! J'aurais le droit de fuir, en vertu de la liberté religieuse, un sermon qui m'ennuie, et je n'ai pas celui de soustraire le trousseau de ma fille aux familiarités d'un douanier! Un jour viendra peut-être où nos neveux auront peine à comprendre que le peuple le plus chatouilleux de la terre ait supporté sans émotion de telles espiègleries.

Au surplus, j'attends d'heureux résultats de la grande expérience qui va se faire chez nos voisins. Ce n'est pas en vain que les plus illustres hommes d'État du pays qui en compte le plus auront été réduits à confesser leurs vieilles erreurs et à faire amende honorable sur l'autel des principes. Nous allons voir à l'œuvre ces hardis réformateurs, et nous saurons si leur désintéressement n'était que de l'hypocrisie, Non, certes, quand je vois des hommes comme lord Graham, comme lord John Russell, comme sir Robert Peel, convier tous leurs concitoyens au banquet de la liberté commerciale, et s'applaudir d'avoir mis la presque

totalité des produits consommables à la portée
des plus modestes fortunes, je ne crois pas que
les vœux pareils que je forme pour mon pays de-
meurent longtemps confinés au rang des utopies.
Je crois, au contraire, que telle est la *pensée du
règne* d'un monarque dont la politique *a imposé
la paix* à l'Europe entière. J'espère que ce prince
vivra assez longtemps pour assister au couronne-
ment de son œuvre et pour en recueillir la récompense. Car c'est la paix qui seule nous est venue
en aide; c'est la paix qui nous ouvrirait les marchés du monde que la douane nous ferme, si Dieu
voulait que les préjugés nés dans les temps de
guerre ne fussent plus la règle de notre conduite
en temps de paix.

Vous demandez tous les jours à grands cris
des *communications*, sans doute pour communi-
quer autrement que par la poste. Pensez-vous que
quand nos grandes gares de chemins de fer vomi-
ront chaque jour aux frontières des millions de
voyageurs, la douane, fût-elle aussi utile qu'elle
l'est peu, pourra suffire au défoncement de tant
de colis et à la visite de tant de malles? Irons-nous
en six heures de Paris à Valenciennes pour perdre
trois heures à la douane de Quiévrain? N'y eût-il
que l'impossibilité physique de nous *exécuter* tous,
on nous exécutera moins. Le bien nous arrivera
par la difficulté de nous faire du mal. Tout me
semble conspirer dans l'avenir au succès de nos
doctrines, les grandes choses comme les petites,

la politique, la vapeur, la promptitude devenue indispensable, le bon sens revenu à nos *taxaleurs*, les lumières répandues sur ces graves questions. Je vous remercie de m'avoir provoqué à cette escarmouche d'avant-postes qui sera quelque jour le prélude d'une grande bataille parlementaire. Vous m'avez combattu à armes courtoises, avec esprit, avec talent; si j'étais libre de choisir mes adversaires, je les voudrais tous aussi francs et aussi loyaux que vous.

BLANQUI.

A M. BLANQUI.

V.

Sur le point de clore le débat qui s'est élevé
entre nous, je ne crois pas inutile de rappeler
comment il s'est ouvert.

J'avais reçu une lettre de vous dans laquelle
vous me disiez : « Comment la *Presse* qui se
» montre si éclairée à l'égard des réformes entre-
» prises par sir Robert Peel, s'obstine-t-elle à prêter
» son appui au vieux système de protection dont
» la France sera débarrassée avant dix ans, com-
» ment la *Presse* est-elle encore si *arriérée* sur ce
» point, elle si avancée sur tout le reste? »

Au lieu de vous répondre par la poste, je vous
ai répondu par la *Presse*, ou plutôt j'ai voulu que
la *Presse* vous répondît elle-même, qu'elle fît publiquement son examen de conscience, afin que
ses lecteurs fussent juges de ce qu'il pouvait y
avoir de fondé dans votre blâme, afin surtout
que les lumières de la discussion l'aidassent à
sortir de l'erreur, s'il était vrai qu'elle fît fausse

voie, s'il était vrai qu'elle eût le tort et le malheur d'être *arriérée* sur une question où tous les intérêts de la France sont en jeu, où toutes ses forces sont en mouvement.

Le public sait maintenant à quoi s'en tenir sur le degré d'importance du dissentiment qui subsiste entre nous. Votre drapeau est celui de la *liberté absolue*, le mien est celui de la *liberté progressive;* mais ce que vous ne craignez pas de demander, vous n'osez pas le vouloir! Qu'êtes-vous donc en réalité, sinon un partisan déguisé de la liberté progressive, qui se cache sous les dehors d'un partisan déclaré de la liberté absolue? Quant à moi, j'aime mieux porter bravement un drapeau vieux, aux couleurs ternies, que timidement un drapeau neuf, aux tranchantes couleurs.

Nier est facile, plus facile que de discuter et de prouver.

« Non, dites-vous, les blés de la mer Noire ne » viendront pas ruiner ceux de la Beauce, car *les* » *blés sont très-encombrants,* et les frais de trans- » port ne permettraient pas plus d'en faire venir » d'Odessa à Chartres, qu'ils ne permettent aux » Beaucerons d'en envoyer à Marseille. »

Répondre ainsi, permettez-moi de vous le dire, ce n'est pas répondre sérieusement; c'est échapper à l'étreinte de l'argument par la subtilité du trait.

Est-ce que la Beauce a le privilége exclusif de

fournir de blé toute la France? Est-ce que les départements du Midi, que Marseille pourrait facilement approvisionner, ne produisent pas de céréales? Parce que la houille de Newcastle rendue à Chartres y serait trop chère, s'ensuivrait-il implicitement qu'il en fût de même pour Rouen, Nantes, Rochefort, Bordeaux, etc.; s'ensuivrait-il que la suppression que vous demandez du droit dont les houilles anglaises sont frappées, ne portât aucun préjudice à un grand nombre de nos exploitations houillères? Vous dites que « *les blés sont très-encombrants*, » est-ce que les houilles qui, à volume ou à poids égal, représentent une valeur moindre que les blés, sont plus faciles à transporter? Il faudrait cependant être conséquent. De deux choses l'une : ou votre objection contre l'importation des blés de la mer Noire et de la Méditerranée est fondée, ou elle ne l'est pas. Si elle n'est pas fondée, mon argument subsiste; si elle est fondée, elle l'est surtout pour les houilles anglaises et belges, auxquelles, d'après vous, il suffirait d'ouvrir l'accès de nos frontières pour que nos manufactures, affranchies de l'énorme tribut que prélève sur elle la houille française sous le nom de droit protecteur, voient aussitôt s'inaugurer une ère toute nouvelle de prospérité.

Je passe rapidement et ne fais qu'effleurer ici les points sur lesquels vous avez insisté de nouveau, car je ne veux pas abuser de l'attention que

ce débat a été assez heureux, grâce à vous, pour
attirer sur lui.

« Non, ajoutez-vous, les laines étrangères n'en
» vahiront pas notre marché, parce que nos popu-
» lations rurales ne suffisent pas aux besoins de
» nos manufactures. » La question n'est pas si
simple qu'il vous plaît de la faire, car la question
d'insuffisance se complique d'une question de
prix. Ouvrez nos marchés aux laines de l'Allemagne, d'Espagne et de Russie, évidemment ce seront elles qui régleront le cours; donc il faudra,
ou qu'à qualité égale, nous donnions les nôtres à
l'acheteur au même prix, ou bien que nous re-
noncions à cette branche importante et productive
de commerce, à moins qu'en abaissant le droit
d'entrée sur les laines, le gouvernement ne fixe
une quantité maximum que l'importation ne
pourrait excéder, ainsi que cela s'est pratiqué
pour les fils belges, qui ne jouissent du droit ex-
ceptionnel de 12 pour 100 que jusqu'à concurrence de 2 millions de kilogrammes.

Non-seulement je persiste à prétendre que la
France *peut* produire toutes les laines nécessaires
à sa consommation et au développement de ses
manufactures et de son commerce, mais j'ajoute
qu'elle le *doit* et qu'il le *faut*, à moins qu'elle ne
veuille renoncer à l'espérance de voir faire à son
agriculture des progrès qui ne soient pas seulement de rares exceptions.

« Non, dites-vous encore, les usines métallur-
» giques étrangères ne ruineraient pas les nôtres,
» car la demande de leurs produits s'accroît tous
» les jours, avec la prospérité générale. » Est-ce
donc là une raison pour se hâter d'empêcher que
cette prospérité générale n'accroisse encore le
nombre et l'importance de nos usines? Pourquoi
ne pas laisser à la concurrence intérieure le
temps d'achever son œuvre? C'est à elle qu'il appartient de nous mettre en état de lutter contre la
concurrence extérieure. L'une est à l'autre une
initiation nécessaire qu'il ne faut ni retarder ni
brusquer. Direz-vous que la concurrence que
nous nous faisons tous à nous-mêmes les uns aux
autres en toutes choses n'est pas assez active, et
qu'elle a besoin d'être stimulée? Mais, en vérité,
si une plainte était fondée, ne serait-ce pas plutôt celle qui s'élève de toutes parts contre les
excès de la concurrence, excès dans lesquels un
grand nombre de publicistes s'accordent à voir
un mal dont il leur paraît urgent de chercher le
remède? Or, il ne faut pas donner aux mots un
autre sens que celui qu'ils ont en réalité. Qu'est-
ce, après tout, que la liberté du commerce, que
la liberté absolue des échanges? — C'est la concurrence illimitée, c'est la concurrence élevée à
sa plus haute puissance, dans un temps où déjà
l'on trouve que la concurrence limitée, que la
concurrence resserrée dans le cercle de nos frontières est excessive, et livre impitoyablement les

classes ouvrières à toutes les rigueurs de l'aveugle
et sourd despotisme de cet inexorable tyran qui
s'appelle le Bon Marché.

Je reconnais avec vous que les barrières de la
douane, à demi renversées déjà par la contrebande, cette héroïne dont vous aimez à chanter
les hauts faits, finiront par ne plus opposer qu'une
digue impuissante à ce flot des peuples que feront déborder les uns chez les autres et les perfectionnements de la navigation à vapeur et l'u-
niversalité des chemins de fer se reliant tous entre
eux ; mais n'est-ce pas une raison de plus pour attendre patiemment ce jour immanquable et ne
pas précipiter le cours des choses quand il est
déjà si rapide ? Alors que nous nous hâterions
d'échanger des tapis ras d'Aubusson contre ces
tapis veloutés de Smyrne, que vous avez contemplés en Orient avec des yeux d'envie, où serait
le progrès signalé que nous aurions fait, l'important problème que nous aurions résolu ?

Il ne faut pas s'abuser, ce n'est pas la liberté
plus ou moins absolue des échanges, ce n'est pas
la liberté du commerce qui est la grande question
de l'avenir : c'est la difficulté de faire vivre paci-
fiquement, sous le régime de la concurrence, la
classe ouvrière, de jour en jour plus éclairée, plus
compacte, plus profondément pénétrée du sentiment de ses droits et de la conviction de sa force
numérique ; c'est la difficulté d'associer l'intelligence, le travail et le capital, de telle sorte que

le bon accord règne entre eux ! Si louables qu'elles soient en elles-mêmes, c'est à peine si les réformes de sir Robert Peel auront la puissance de retarder de quelques mois les rapides et effrayants progrès du paupérisme en Angleterre. Cependant c'est vous qui le constatez, les couteaux n'y sont pas chers et les chemises y sont à bon marché. Le bon marché n'est donc pas tout ?

Mais en voilà assez sur la question de la liberté du commerce et sur les prohibitions, transition dont vous vous servez dans votre lettre pour déclarer que vous ne partagez pas toutes mes opinions en matière d'impôts ; transition dont je m'empare à mon tour pour aborder ce sujet, que je ne ferai qu'effleurer rapidement.

Vous dites :

« L'impôt est une bonne chose quand on en » fait un usage utile. »

Nul dissentiment entre nous sur ce point ; car il y a longtemps que j'ai imprimé que l'impôt c'est l'association sous sa forme la plus simple et la plus puissante.

Vous ajoutez en vous adressant à moi :

« Vous voulez réduire les impôts qu'on paye à » l'État ; moi je voudrais supprimer ceux qu'on » paye à certains particuliers ; je ne trouve jamais » l'État trop riche ; je trouve les monopoleurs

» toujours trop payés, surtout quand c'est nous
» qui les payons. »

Encore une fois, je ne saurais accepter cette
distinction. Comment un esprit aussi éclairé que
le vôtre peut-il donc persister dans une erreur
aussi manifeste que celle dont je croyais avoir
fait pleinement justice, et qui consiste à prétendre que les prohibitions de la douane, que les
droits qu'elle prélève sont des impôts payés par
le consommateur à des *particuliers*, à des *monopoleurs ?* Cela serait vrai s'il s'agissait d'un pays
où la concurrence intérieure ne s'exerçât pas
dans toute sa liberté; mais cela est évidemment
faux quand cela s'applique au régime du rabais
sous lequel vivent notre industrie et notre commerce. Pour rendre cette rectification plus facile
à comprendre, je m'empare au hasard d'un des
exemples cités par vous, et je pose à tous les gens
de bonne foi cette question : En quoi la prohibition maintenue sur la coutellerie profite-t-elle
aux couteliers et leur assure-t-elle un monopole ?
Est-ce que parmi eux ce n'est pas à qui fabri-
quera au prix de revient le moins élevé, et se
contentera du bénéfice le plus faible ? Est-ce que
ce n'est pas le plus habile qui fait la loi à ses
rivaux, et règle le cours aussi bien quand il s'agit
de couteaux que lorsqu'il s'agit de soieries ou de
toute autre industrie s'exerçant à l'écart de toute
immixtion de notre tarif de douanes ? Je ne dis

pas que toutes les prohibitions soient nécessaires, je ne dis pas qu'il n'y ait pas de droits protecteurs qui soient exagérés ou mal assis; mais
je dis et je démontre qu'exagérés ou non, le fabricant n'y gagne ni plus ni moins; car ce qui
règle le taux de ses bénéfices, ce n'est pas la
douane, c'est la concurrence. Même à l'abri de
la prohibition, qui ne le protége que contre la
concurrence extérieure, il n'en est pas moins
tenu de se contenter du bénéfice le plus réduit.

Vous confondez deux choses qui sont distinc-
tes : vous croyez que protéger par la prohibition
et par l'élévation des droits une industrie qu'un
pays veut s'approprier, naturaliser, nationaliser,
c'est protéger implicitement ceux qui l'exercent;
vous vous trompez, et, ce qui le prouve, c'est
qu'il est infiniment rare que les premiers qui s'y
adonnent n'achètent pas leur expérience au prix
de leur ruine. Ce qu'il vous plaît d'appeler si im-
proprement le Monopole n'a pas fait moins de
victimes que la Concurrence. Que d'immenses
capitaux, vous ne le pouvez nier, les premières
filatures, les premières sucreries de betteraves,
les premières exploitations houillères, les premiers établissements métallurgiques d'une grande
importance, etc., ont commencé par engloutir !
Serait-il vrai que maintenant ces établissements
fissent des bénéfices trop considérables, qu'ils
levassent, comme vous le dites, un impôt sur le

consommateur, j'en doute; mais cela fût-il, que je n'en concevrais encore aucune crainte sérieuse, attendu que tout bénéfice exagéré a pour effet d'appeler la concurrence, comme les cimes élevées ont la vertu d'attirer la foudre.

Je ne saurais donc admettre qu'il y ait en France des « *impôts payés à des particuliers;* » ces prétendus impôts n'existent que dans votre imagination; je ne connais d'autres impôts que ceux qu'encaisse le Trésor public. « *L'État n'est jamais trop riche,* » dites-vous; je suis de votre avis, mais cela ne m'empêche pas de penser que, sans percevoir moins, il pourrait dépenser mieux, et qu'il est plus d'un impôt dont il n'y aurait qu'à améliorer l'assiette et qu'à alléger le poids pour en augmenter le produit.

En fait d'impôts les moins lourds sont les meilleurs, au double point de vue du Trésor et du contribuable; c'est ma conviction profonde, et c'est avec empressement que je saisis toutes les occasions d'essayer de la faire passer dans l'esprit de ceux qui nous gouvernent.

La France peut-elle suffire largement, honorablement à toutes ses dépenses nécessaires, utiles, s'élevassent-elles annuellement à deux milliards, sans exiger de l'impôt plus qu'il ne doit donner, sans porter atteinte à son caractère, tel que Sully l'a défini en ces termes : « L'impôt ne devrait être » que la mise apportée par chaque individu dans » la vie civile pour avoir part à ses bienfaits; elle

» devrait être proportionnée aux avantages qu'en
» retire le contribuable et prélevée sur ses bé-
» néfices; elle ne doit, en aucun cas, entraver
» la liberté nécessaire au succès de son indu-
» strie? »

Je le crois fermement. L'impôt est-il ce qu'il
doit être? Je ne le crois pas.

Un jour l'impôt brisera la coque étroite dans
laquelle la fiscalité le tient captif; un jour l'impôt
s'élèvera au rang qu'il doit occuper parmi les
cultures les plus fécondes, parmi les sciences les
moins douteuses. Ce jour-là l'impôt, base presque
unique sur laquelle repose notre société, aura
changé les rapports politiques de peuple à gouvernement; bien des frottements, bien des résistances, qui ont lieu aujourd'hui, auront alors dis-
paru. De l'impôt tel qu'il se perçoit à l'impôt tel
que je le pressens, il y a toute la distance qui
existait entre l'eau bouillante avant que l'idée
d'en utiliser la force ne vînt à l'esprit de l'homme,
et la vapeur qui, depuis que ses lois ont été dé-
couvertes par les Papin, les Savary, les New-
Commen, les Watt et les Fulton, transporte sur
un chemin de fer des milliers de voyageurs et des
fardeaux fabuleux avec une vitesse de 40 à 120
kilomètres à l'heure, ou fait mouvoir un steamer
avec une force telle, que cette force défie tous les
vents contraires, et qu'on va maintenant du Havre
à New-York en moins de quinze jours! On cher-

che bien loin et bien haut les réformes sociales et politiques; les plus importantes sont toutes contenues dans l'impôt. Qu'on les y cherche, on les y trouvera. Telle est ma foi dans les perfectionnements dont l'impôt me paraît susceptible, que je le crois appelé dans l'avenir à revêtir une forme nouvelle, analogue à celle des primes d'assurance contre les risques d'incendie, de grêle, de naufrage, les cas de mort ou de survie, dont le payement a lieu volontairement. Que faudrait-il pour qu'il en fût ainsi de l'impôt? — Il faudrait purement et simplement qu'il fût toujours l'exacte représentation, la juste rémunération d'un service rendu ou d'une garantie donnée. Eh bien, est-il donc impossible et chimérique de concevoir un système d'impôts assis de telle sorte que le contribuable, quand il délie sa bourse, ne le fasse jamais qu'avec la satisfaction d'avoir reçu un avantage équivalant au moins à l'argent qu'il vient de débourser? Quand vous le voudrez, je vous montrerai un projet de *police d'impôt* que j'ai rédigé, qui met le budget à la portée de tous les contribuables, en fait autant de contrôleurs des recettes et des dépenses de l'État; ce projet vous fera comprendre d'un seul coup d'œil toute ma pensée. Il serait trop long d'entreprendre de l'expliquer ici, même sommairement; mais vous me trouverez toujours prêt à débattre avec vous toutes les questions qui se rattachent au principe et à l'assiette de l'impôt.

J'aurais encore beaucoup de choses à dire sur plusieurs parties de votre réponse; je suis obligé de les laisser sans réfutation, car le temps me presse et l'espace me manque. Un dernier mot seulement, avant de finir, sur le vœu par lequel se termine votre lettre, vœu auquel je m'associe étroitement. Oui, certes! le monarque qui, après la révolution de 1830, n'a pas désespéré de la paix du monde, a eu là une grande pensée, une noble confiance en lui-même, dont il a déjà mérité de recueillir la récompense. Cette pensée honorera son règne; mais de quelle gloire ne l'eût-elle pas couvert, si elle avait été aussi habilement traduite que sagement conçue, si le roi qui nous gouverne avait été assez heureux pour rencontrer dans son conseil, comme Louis XIV, un Colbert qui la comprît et la fécondât! *La paix partout et toujours!* voilà la pensée; voilà le système! *La paix à tout prix*, voilà la traduction, traduction infidèle et triviale d'une haute et noble pensée; voilà l'expédient! Aussi est-il à craindre qu'au lieu d'être l'inauguration d'un système, la paix dont l'Europe continue à jouir ne soit que la prolongation d'une trêve.

L'économiste peut très-bien ne pas faire entrer cette prévision dans ses calculs, mais le publiciste ne saurait, sans manquer de prudence, se dispenser d'en tenir compte. Peut-être même ne faut-il attribuer qu'à cette diversité des points de vue où nos méditations nous ont placés l'un et l'autre les dissentiments plus apparents que reels de cette discussion qui, si elle a jeté quelque éclat, le doit tout entier à la vivacité de votre esprit et à l'autorité de votre nom.

ÉMILE DE GIRARDIN.